성학십도

일러두기

1. 『성학십도』는 퇴계 이황이 임금에게 올린 수신서로 자신의 완성을 위한 방법이 10가지 그림과 설명으로 제시되어 있다.

2. 이 번역서는 규장각에 소장된 『퇴계선생문집退溪先生文集』의 「진성학십도차進聖學十圖箚」를 저본으로 하였다. 1843년 간행된 이 판본은 한국고전번역원 발간 『한국문집총간』 제29권에도 실려 있다.

3. 본서에 수록된 『성학십도』 원본 그림은 성균관대학교 유학대학에서 다시 그린 것을 사용하였으며, 표지의 퇴계 이황 초상화는 안동시청 소장본이다.

4. 번역 과정에서 이미 출간된 국역서를 일부 참고하였다.

5. 독자의 이해를 위해 최대한 풀어쓰고자 하였으나, 철학서라는 한계가 있으므로 필요한 경우 한자를 병기하였다. 번역 또한 독자를 위하여 직역과 의역을 적절히 활용하였다.

성학십도

나를 찾아가는 열 장의 지도

퇴계 이황 지음 | **강보승** 번역·해설

arte

차례

성학십도

해설

역해자 서문

　세상은 하루가 다르게 변하고 있다. 기술의 진보로 물질문명이 고도화되고 사람들의 생각과 삶의 방식도 어제와 오늘이 다를 만큼 빠르게 변화하는 시대이다. 이 거대하고 빠른 변화에 발맞추기 위해 사람들은 오늘도 무언가를 향해 바삐 움직이며 즉각적이고 가시적인 성과나 만족을 위해 어딘가로 자신을 내몰고 있다. 그러나 사람들은 자신에게 중요한 가치를 찾지 못하고 자신을 채찍질하면서도 변화의 속도와 방향을 알지 못하여 불안해한다.

　세상의 요구와 변화에 충실히 따르는 것은 길지 않은 시간을 사는 인간에게 괜찮은 선택이다. 그런데도 우리는 종종 '이렇게 살아도 되는 것일까' 하고 삶과 자신을 되돌아본다. 왜일까? 잘 가고 있는지, 옳은 길을 가고 있는지 확신이 없고 더 좋은 길이 없는지 궁금하기 때문이다. 이러한 시대일수록 사람들은 자신의 삶에 대한 불안과 의문을 해소하기 위해 남의 이야기에 귀를 기울이고 상식 밖의 것들에 마음을 기댄다.

삶에는 정답이 없다고 한다. 저마다의 삶에 충실하고 그 속에서 지속적으로 행복을 느낀다면 그것이 정답일 것이다. 그래서 사람들은 오늘도 저마다의 정답을 찾아 나선다. 그런데 얼마쯤 가다가 또 자신의 길을 돌아본다. 왜일까? 정답을 찾아야 하는데 현재의 자신을 정답으로 만들어버렸기 때문이다. 현재의 자신이 정답일 수도 있지만 사람들은 대부분 과정 속 미완의 자신을 정답으로 간주하고 찾기를 멈춘 채 선을 긋고 그 안에서 안주한다. 추천하고 싶지는 않지만 이것도 삶의 한 방식이기는 하다.

그런데 계속 더 나은 길을 계속 찾고자 하는 사람들이 있다. 현재의 자신에 안주하다가도 그 굴레를 벗어나 보고자 하는 사람들도 있다. 하지만 이러한 사람들 중 대부분은 길을 알지 못하고 길을 안내할 지도도 가지고 있지 않다. 그래서 불안과 두려움 속에 방향 없고 기약 없는 길을 한 발 한 발 더듬어 내디딘다. 가늠할 수 없는 세상 속에서 사람들이 더 나은 길, 더 안전하고 정확한 길을 찾는 것은 동서를 막론하고 예나 지금이나 마찬가지이다.

길을 찾는 사람들을 위해 동서고금에 많은 지도가 있었고 지금도 수없이 쏟아지고 있지만 참으로 두고두고 참고할 검증된 지도는 그리 많지 않았다. 사람들에게 오랫동안 길을 안내했던 그 검증된 지도들을 우리는 '고전'이라 부른다. 그런데 왜 고전은 시간이 지났음에도 길을 찾음에 유용할까? 요즘의 지도들은 대개 맛있는 음식점이나 갈만한 여행지 같은 특정하고 한정된 목적지를 안내한다. 그리고 건물이나 상점, 교차로처럼 쉽게 눈에 들어오는 지점들을 따라 안내한다. 그러나 특정한 목적지는 대부분 삶의 목적이 아니고 안내된 지점들은 금세 사라지거나 바뀌기 쉽다.

그런데 고전이라는 지도들은 우리가 결국 도착해야 할 목적지를 알려주고 산과 들, 강과 바다, 해와 달과 별을 이정표로 목적지를 안내한다. 그리고 먼 길을 가야 하는 삶의 여정 내내 사람들의 곁을 떠나지 않으며, 결정적으로 오랜 세월 수많은 사람들로부터 이미 유용성이 검증되었다. 삶에는 정답이 없겠으나 정답으로 안내할 좋은 지도들은 이미 있다. 눈앞의 목적을 향해 움직이거나 현재의 자신에 안주하는 대다수의 사람들이 단지 오래되었다고 무시하거나 찾지 않았을 뿐이다.

찾아도 보이지 않는 사람들을 위해, 찾았으나 읽지 못하는 사람들을 위해 좋은 지도 하나를 소개하고자 한다. 너무나도 좋은 지도여서 찾지 않는 사람들에게까지 굳이 알려주고 싶지는 않다. 지도의 이름은 『성학십도』이다. 퇴계 이황이 삶의 길을 찾는 사람들을 위해 그렸다. 원래는 임금의 길을 알려주기 위해 만든 지도였으나 임금만 보기에는 너무 아까운 지도여서 수많은 위정자와 선비들이 보았고, 스승과 제자가 함께 보았고, 심지어 많은 외국인들도 이 지도를 따라갔다. 길을 찾는 사람들에게, 그리고 남에게 길을 알려주고자 했던 사람들에게 『성학십도』는 500년 가까이 우리나라에서는 가히 최고의 지도였고, 중국과 일본에서도 최고의 지도로 인정받았다. 단지 근래에 유용성을 알 수 없는 지도들이 쏟아지면서 그 속에 파묻혀 잘 보이지 않았을 뿐이다.

『성학십도』는 고전이다. 고전은 변치 않는 지도이다. 한 번 보고 버리는 지도에 익숙한 지금, 변치 않는 이정표로 삶의 길을 안내하는 『성학십도』는 너무 빨리 변하고 바뀌는 시대를 살고 있는 현대인들이 반드시 가지고 있어야 할 지도이다. 그래서 『성학십도』는 옛사람들보다 이 시대 사람들에게 더욱 가치 있는 지도이다. 게다가 지도를 그린 이유부터 도달해야 할 최종 목적지, 가는 방법, 주의해야 할 사항, 보는 규칙, 함께 보아야 할 사람, 보는 사람의 자세 등을 간단하고 일목요연하게 딱 열 장으로 그려서 무엇이든 빨리 이해하고 해결해야 하는 현대인의 습성에도 안성맞춤이다. 특히 나와 남 모두가 행복하기를 바라는 사람, 자신의 능력을 남을 위해서도 쓰고 싶은 사람, 많은 사람의 행복을 책임져야 하는 사람, 남에게 삶과 행복이 무엇인지 가르쳐야 하는 사람에게 『성학십도』는 아주 괜찮은 지도이자 참고서이다.

『성학십도』의 길은 변치 않는 길이다. 이해하고 내 것으로 만들면 이보다 빠른 길은 없다고 단언할 수 있다. 그리고 이보다 안전하고 편안하며 궁극적인 길도 드물 것이다. 세상이 아무리 변하여도 사람들이 최종적으로 추구하는 가치와 행복은 잘 변하지 않는다. 그 가치와 행복은 무엇인가? 자신을 완성하고 남과 더불어 행복해지는 것이다. 그리고 그 가치와 행복을 찾기 위해서는 변치 않는 지도를 보아야 한다. 『성학십도』는 바로 그런 길을 보여주는 지도이다.

　　그런데 이 지도에는 흠이 하나 있다. 아무래도 좀 오래되어 금방 알아보기가 쉽지 않다. 그래서 가능한 한 자상하게 풀어서 다시 그렸다. 그럼에도 때때로 이해하기 어려운 부분들이 있을 것이다. 그러나 조금만 생각을 기울이면 금세 알아볼 수 있을 것이다. 가능한 한 자세히 풀었지만 완전히 다시 풀어 그리지 않은 것은 옛 감성도 나름 느낄 만하거니와 보는 이들에게도 최소한의 과제를 주어야 지루하지 않을 것 같아서였다. 말하기 부끄러우나 역해자에게 완전하고 친절하게 풀어서 그릴 능력이 없기 때문임은 애써 감추고 싶다.

　　『성학십도』의 그림과 설명을 따라가다 보면 어느새 지도를 그린 퇴계는 우리와 함께 걷고 있을 것이다. 퇴계가 자신의 삶과 학문을 담아 그린 이 지도가 독자들의 삶에 변치 않는 길을 안내하면서 긴 여정을 가는 독자들의 가슴에 작은 울림을 줄 수 있기를 바란다.

『성학십도』 — 나를 찾아가는 열 장의 지도

　　퇴계 이황이 태어나기 삼 년 전인 1498년의 무오사화부터 1545년 을사사화까지 16세기 전반은 기득권을 쥔 훈구세력이 지방에서 학문을 닦아 조정으로 진출하려는 신진 사림을 억압하던 사화士禍의 시기였다. 네 번의 사화로 수많은 선비가 죽거나 유배지를 떠돌았다. 정여창, 김굉필, 조광조 등 당대의 현인들은 뜻을 펴지 못한 채 스러져 갔다. 그러나 훈구는 자연스레 쇠락했고 16세기 중반, 조정은 새로운 인물들로 활기를 띠기 시작했다. 그들은 정여창, 김굉필, 조광조 등의 제자와 문인들로, 주로 지방에서 덕성과 역량을 기르던 신진 사류士類들이었다. 이들에 의해 인간의 도덕적 가치를 중시하는 학문 풍토가 점차 자리 잡게 되었고 명종과 선조宣祖 재위 시기 조정의 주인은 훈구에서 사림으로 바뀌어 갔다. 그 변화의 중심에 있는 인물이 바로 퇴계 이황이다.

선조(宣祖:1552~1608, 재위 1567~1608)는 조선 왕조 최초 방계 출신의 왕이다. 명종은 외아들 순회세자가 12세로 요절하자 종친의 자제 중 하성군을 양자로 들여 후사로 삼았으니, 그가 명종의 뒤를 이어 16세에 왕위에 오른 선조이다. 하성군은 명종의 양자가 되었으나 왕세자로 책봉된 것은 아니었다. 명종의 병환이 갑자기 깊어지고 34세의 나이로 승하하자 양자인 하성군이 왕위를 물려받게 된 것이다. 하성군은 명종의 양자가 되리라는 것도 예상하지 못하였고 명종을 이어 왕위에 오를 준비도 되어 있지 않았다. 방계 출신으로 어린 나이에 갑자기 왕위에 오른 선조는 어떻게 왕 노릇을 해야 할지 알지 못하여 막막하고 두려웠다.

조정 대신들은 선조에게 퇴계退溪 이황(李滉:1501~1570)을 불러 가르침을 받고 조언을 들으라고 권하였다. 이에 선조가 퇴계를 간곡하게 부르니, 낙향하여 학문과 교육에 힘쓰던 퇴계는 거듭된 왕명을 끝내 거절할 수 없어 서울로 올라갔다. 다시 조정에 나아간 퇴계는 어린 왕이 우선 힘써야 할 사항들을 정리하여 올리니 그것이 「무진육조소」이다. 또한 여러 차례의 경연經筵을 통해서도 선조에게 올바른 임금의 길을 제시하였다. 그러나 애초의 기대와 달리 어린 선조는 퇴계의 진심 어린 충정을 잘 헤아리지 못하였고, 퇴계의 상소와 주언을 적극적으로 따르려는 자세를 보이지 않았다.

이에 퇴계는 또다시 물러날 결심을 하고는 일평생 쌓은 학문과 수양을 집약하여 그의 마지막 역작을 선조에게 올리니 그것이 바로 『성학십도聖學十圖』이다. 『성학십도』를 올리며 퇴계는 이 책의 그림과 해설을 병풍과 작은 책자로 만들어 임금의 주위에 펼쳐 놓고 항상 보면서 실천할 것을 부탁하였다. 선조는 퇴계의 뜻에 따라 『성학십도』를 책과 병풍으로 만들어 가까이에 두었다. 이로부터 『성학십도』는 제왕이 반드시 따라야 할 지침서이자 유학의 정수를 모은 책으로 널리 읽히게 되었고, 오늘날까지도 퇴계와 조선 유학을 대표하는 저술로 인정받고 있다.

퇴계 이황은 조선 중기, 그리고 당대 동아시아 최고의 성리학자이자 관료이다. 그는 조선시대를 지배한 이념이었던 성리학 사상을 이론적으로 정립하고 실천 방법을 체계화함으로써, 조선의 학문적 수준에 새로운 지평을 열어 우리나라 유학의 정체성을 확고히 하는 데에 결정적 역할을 하였다. 퇴계는 우리나라 철학사에서 조선 유학을 대표하는 대학자이자 동시에 유학의 정신을 일상에서 몸소 실현한 사람이다. 또한 그는 나아가서는 백성을 위한 정치에 몸을 바치고 물러나서는 수양과 교육에 헌신한 완성된 선비의 모범으로 지금까지 존경받아 왔다.

퇴계를 알지 못한 채 우리나라의 유학을 바라보는 것은 주마간산走馬看山에 불과하다. 또한 퇴계를 알지 못하면 조선의 학문과 정치, 사회, 문화, 교육에 대한 올바른 시각을 갖추기 어렵다. 그만큼 퇴계가 조선에 끼친 영향은 지대하다. 그럼에도 일반적인 사람들은 퇴계를 어려운 성리학 이론을 주장한 학자 내지는 지폐 속 인물 정도로 인식하고 있다. 퇴계를 알지 못한다고 하여 삶에 큰 지장이 있는 것은 아니다. 그러나 적어도 지난날 우리의 모습을 올바르게 알고 자신을 더 완성하고자 하는 지식인이라면 퇴계는 반드시 만나보아야 할 사람이다.

퇴계는 인간의 순수하고 선한 본성을 긍정하고, 그 본성에 따라 인간이 주체적이고 능동적으로 도덕적 삶을 살 수 있다고 보았다. 이것이 유명한 이발설理發說이다. 이에 따라 그는 인간의 완벽한 본성을 회복할 수 있는 길, 즉 경敬을 핵심으로 하는 수양을 강조하였다. 또한 고봉 기대승과 벌인 8년여의 사단칠정四端七情 논쟁을 통해 도덕 감정과 일반 감정의 발생 경로를 탐구하고, 본성을 함양하고 감정을 제어하여 우리가 더욱 인간다운 존재로 거듭날 수 있는 길을 제시하였다. 한순간의 멈춤도 없이 그 길을 걸었던 퇴계의 일생 여정을 고스란히 담은 책이 바로 『성학십도』이다.

『성학십도』는 별도의 책으로 지어진 것이 아니라 상소문에 포함된 그림과 해설이다. 『성학십도』가 포함된 상소문의 명칭은 「진성학십도차進聖學十圖箚 병도幷圖」인데, 직역하면 '성학에 관한 열 개의 그림을 올리는 상소문(그림과 아울러)'이다.

성학聖學은 성현의 덕성을 갖추기 위한 학문을 말한다. 어린 왕에게 성학을 제시하기 위해 퇴계는 여러 현인의 말과 자신의 견해를 열 개의 그림과 해설로 집약하였다. 이는 성리학의 체계와 내용을 집약한 것이기도 하다. 그러나 『성학십도』가 그림과 함께 적은 분량으로 저술되었음에도 퇴계를 비롯한 여러 학자의 학설을 담고 있고 한자로 된 철학 용어들을 쓰고 있기 때문에 이해가 쉽지 않다.

그렇다면 퇴계를 아는 것은 어려운 일인가? 전문적으로 연구한다면 결코 쉽지 않겠으나, 도덕적 본성의 자각과 그 회복 방안의 제시라는 큰 틀에서 『성학십도』를 보면 퇴계를 아는 것이 어렵지만은 않으리라 생각한다.

이 책은 『성학십도』를 읽기 쉽게 번역한 교양서이다. 가급적 『성학십도』의 본래 내용과 의미를 충실히 드러내고자 하였으나 전문적인 용어가 많으므로 의역을 적절히 활용하였다. 의역이 어려운 경우 주석을 부득이 사용하였다. 그리고 각 장마다 역해자의 해설을 붙여 해당 장의 전체적 의미를 제시하였고, 「인간의 본성과 감정에 대한 퇴계의 통찰」, 「퇴계 이황의 사람들」, 「조선왕조실록의 기록」, 「연보로 보는 퇴계 이황의 삶」 등을 해설로 붙여 퇴계의 삶과 학문을 함께 이해할 수 있도록 하였다.

『성학십도』는 서문, 그리고 열 개의 그림과 그 그림들에 대한 해설의 총 열 한 부분으로 구성되어 있다. 『성학십도』를 삶을 안내하는 지도라고 했을 때 이 지도는 서문과 열 개의 지도로 되어 있는 셈이다. 서문은 이 지도를 만든 목적과 의미, 이 지도를 보아야 하는 이유, 지도의 전체적 내용을 개괄한 설명서라 할 수 있다. 첫 번째 지도인 「태극도」는 이 지도를 보는 사람이 어떻게 존재하게 되었는지, 그리고 지도를 보는 사람이 도달해야 할 최종 목적이 어디인지를 알려준다. 두 번째 지도인 「서명도」는 지도를 보는 사람이 알아야 할 자신의 삶과 관계된 존재들, 그리고 길을 가면서 놓치지 말아야 할 중요한 이정표를 제시한다. 세 번째 지도인 「소학도」는 길을 가는 사람이 갖추어야 할 가장 기본적인 준비물이 무엇인지 알려주고, 네 번째 지도인 「대학도」는 목적지를 어떤 경로와 단계를 거쳐 가야 하는지 알려주며, 다섯 번째 지도인 「백록동규도」는 지도를 가지고 길을 갈 때 지켜야 할 규칙을 제시한다.

여섯 번째 지도인 「심통성정도」는 지도 보는 사람의 심리 구조와 특징, 마음의 작용 원리를 보여주며, 일곱 번째 지도인 「인설도」는 마음의 핵심을 보여줌으로써 지도를 보는 사람이 자신이 왜 지도를 보고 있는지 잊지 않도록 해준다. 여덟 번째 지도인 「심학도」는 지도를 보는 사람의 마음이 항상 바른 곳을 향하도록 하기 위한 마음의 제어 방법을 알려주고, 아홉 번째 지도인 「경재잠도」는 삶의 여러 상황에 따라 어떻게 길을 가야 하는지 보여주며, 마지막 열 번째 지도인 「숙흥야매잠도」는 하루의 시간에 따라 어떻게 길을 가야 하는지 알려준다.

거창한 목적지는 기대하지 않는 것이 좋겠다. 어쩌면 많은 사람이 대강 지나쳤던 길일 수도 있고 들어본 목적지일 수도 있다. 이제 퇴계가 『성학십도』에서 제시한 길을 그의 안내에 따라 한 걸음씩 가 볼 것이다. 『성학십도』에서 여러분 자신이 가고자 하는 목적지와 그 길이 다시 선명해지기를 기대한다.

성학십도

『성학십도』 서문

역해자 해설

　『성학십도』 서문은 『성학십도』 앞에 붙여진 퇴계의 상소문이다. 서문에서 퇴계는 임금이 왜 자신의 마음을 다스려야 하고 왜 성군이 되어야 하는지를 자상하게 말하고 있다. 우선 임금의 마음은 세상 모든 일의 시작이요, 끝이므로 마음을 바르게 함이 임금에게 있어 가장 중요한 것임을 강조하였다. 이어서 옛 성군들은 가능한 모든 방법을 써서 마음을 다스리고자 노력하였으나 그 후의 임금들은 그러한 노력을 하지 않아 실패하였으므로 신하로서 임금에게 조언하지 않을 수 없다는 것을 말하고 있다. 이어 마음을 다스리는 핵심으로 경敬을 제시하면서 경을 토대로 자신의 마음을 잘 헤아리면서 배움과 실천의 두 측면에서 부단히 노력할 것, 뜻을 굳게 세우고 평소의 일상에서부터 배우고 실천할 것을 주문하고 있다.

유학자들이 임금을 계도하여 정치를 바르게 하려는 것은 집중된 권력으로부터 필연적으로 야기될 수밖에 없는 '폭력'의 방지를 위해서이다. 임금을 비롯한 권력자들이 스스로 자신을 통제하지 못하면 그 결과는 폭력에 의한 약자의 희생으로 이어질 수밖에 없다. 그 때문에 유학자들은 목숨을 걸고서라도 임금에게 '아니 되옵니다'라고 진언하였던 것이다. 수기치인修己治人이나 내성외왕內聖外王 모두 이러한 폭력의 방지를 위해 유학이 제시한 길이다. 이제 막 보위에 오른 열일곱의 선조에게 올린 『성학십도』 서문에는 임금과 나라를 위하는 퇴계의 간절한 마음이 담겨 있으며, 유학자로서 퇴계에게 부여된 사명과 그 사명을 충실히 이행하고자 하는 그의 확고한 의지가 잘 나타나 있다.

『성학십도』 서문[1]

　중추부 판사[2] 신臣 이황은 삼가 두 번 절하고 전하께 아룁니다. 제가 깊이 생각해 보니 도道는 형상이 없고 하늘은 말이 없습니다. 그러다가 하도와 낙서[3]가 나오고 성인께서 그것을 참고하여 괘와 효[4]를 만들면서 도의 모습이 비로소 세상에 드러나게 되었습니다. 하지만 아득히 넓고 큰 도를 깨우치기 위해 어디서부터 탐구해야 하는지 알기 어려우며, 예로부터 전해온 수많은 가르침 중에 무엇부터 배워야 하는지도 알기 어렵습니다.

　그러나 성인이 되기 위한 학문에는 분명한 실마리가 있고 마음을 수양하는 방법에도 중요한 요령이 있습니다. 그래서 앞선 시대의 현인들은 그 실마리와 요령을 그림과 설명을 통해 사람들에게 보여줌으로써 도를 깨우치기 위해 들어가야 할 문을 제시하고

1　원제는 「진성학십도차進聖學十圖箚」이다. 차箚는 임금에게 올리는 간략한 형식의 상소문이다. 차자箚子라고도 한다. 『성학십도』를 선조 임금에게 올리면서 맨 앞에 붙인 상소문 형식의 서문이다.

2　중추부中樞府 판사判事는 종1품 명예직이다.

3　태극과 팔괘의 효시가 되는 그림으로 전설에 따르면 하도河圖는 황허강에서 나온 용마龍馬의 등에 낙서洛書는 뤄허강에서 나온 거북이 등에 그려져 있었다고 한다.

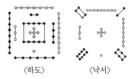

〈하도〉　　〈낙서〉

4　효爻에는 음효—와 양효--가 있다. 괘卦는 효를 세 개 겹쳐 만든 것으로, '☰', '☷' 등 8괘가 있다. 이 8괘를 위아래로 겹치면 '䷀' 등과 같은 형태의 64괘가 만들어진다.

덕을 쌓아가는 기초적인 방법을 알려주었던 것입니다.

전하, 전하의 마음은 모든 일이 시작되고 모든 책임이 모이는 곳입니다. 따라서 그 마음속에서 온갖 욕구들이 서로 다투고, 그 마음속으로 온갖 사악함이 끊임없이 파고듭니다. 전하께서 잠시라도 태만하거나 방종하면 마치 산이 무너지고 바다가 넘치듯 마음이 걷잡을 수 없을 것이니 누가 그것을 막을 수 있겠습니까?

옛날의 성스러운 황제들과 지혜로운 임금들은 이것을 걱정하였기 때문에 하루하루 조심하고 두려워하고 삼가면서도 스스로 미흡하다고 여겼습니다. 그래서 임금을 가르치고 잘못을 바로잡아 주는 스승을 모셨으며, 항상 임금의 주위에 있으면서 옳은 말을 하고 잘못을 일깨워 주는 관리를 두었습니다.[5] 수레를 타면 호위하는 관리가 임금에게 몸가짐을 조심하라 아뢰었고, 대전에서 조회할 때는 신하의 우두머리가 임금을 일깨우는 말씀을 올렸습니다. 임금이 안석[6]에 기대어 있으면 관리가 옛 성현의 교훈을 들려주었고, 임금이 침소에 있을 때는 시중드는 신하가 삶에 도움이 되는 잠언을 들려주었습니다. 공무를 처리할 때는 전문적 역량을 가진 신하들이 임금을 도왔고, 편안히 쉬는 때에는 악사의 우두머리가 훌륭한 조상을 기리는 시와 노래를 읊어주었습니다.

---

5 임금을 가르치는 스승을 사師 또는 부傅라 하고, 임금의 전후좌우에서 조언하고 일깨워 주는 관리를 각각 의疑, 승丞, 보輔, 필弼이라 한다.

6 안석案席은 등받이가 있는 방석이다.

심지어 세숫대야와 식기, 방석, 지팡이, 칼, 출입문, 창문 등 몸 주위의 물건이나 눈길이 가는 곳이면 어디든 임금을 깨우치고 삼가도록 하는 글을 새겨 놓았습니다. 훌륭한 옛 임금들이 이처럼 지극하게 마음을 지키고 몸가짐을 바르게 하였기 때문에 덕이 나날이 새로워지고 업적이 나날이 넓어졌으며, 큰 허물없이 명성을 이룰 수 있었던 것입니다.

그 뒤의 임금들도 하늘의 명을 받고 하늘이 준 자리에 올랐으니 훌륭한 옛 임금들과 마찬가지로 그 책임이 얼마나 크고 무거웠겠습니까? 그런데도 몸과 마음을 다스리기 위해 엄격히 노력하는 임금이 없었습니다. 제후와 신하가 높여주고 모든 백성이 떠받드니 스스로 성인인 줄 알고 오만하고 방자해졌으며, 마음이 무너지고 혼란해져 결국 멸망하고 말았으니, 이것이 어찌 이상한 일이었겠습니까?

그러므로 신하로서 임금을 바른길로 인도하고자 했던 사람들은 임금을 위해 그 마음을 다하지 않을 수 없었던 것입니다. 장구령이 『천추금감록』을 올린 것[7], 송경이 「무일도」를 바친 것[8], 이덕유

---

7 장구령(673~740)은 당나라 현종 때의 재상이다. 임금의 생일에 신하들이 거울을 바쳐 축하하는 관례가 있었는데, 장구령은 역대 위정자의 잘잘못을 논한 『천추금감록千秋金鑑錄』을 지어 올려 임금이 정치의 거울로 삼도록 하였다.

8 「무일無逸」은 『서경書經』의 한 편명으로 안일하지 말라는 내용이며, 당나라 현종 때의 재상 송경(662~737)이 그림으로 만들어 임금에게 바쳤다.

가 「단의육잠」을 드린 것[9], 진덕수가 「빈풍칠월도」를 올린 것[10]은 모두 임금을 아끼고 나라를 걱정하는 깊은 충정에서 비롯된 것이었습니다. 그리고 이 모두가 선善을 베풀고 가르침을 드리고자 하는 간절한 뜻에서였으니 그 임금이 깊이 생각하고 공경하여 따르지 않을 수 있었겠습니까?

신은 매우 어리석고 고루한데도 여러 임금께 은혜를 입었으며[11], 병으로 시골에 들어앉아서는 초목과 함께 썩기로 마음먹었습니다. 그런데 뜻하지 않게 헛된 이름이 잘못 알려져 전하께서 보위에 오르시자마자 경연[12]에서 강의하는 중책에 부름을 받게 되니, 두렵고 황송하여 사양하고자 하였으나 사양할 길이 없었습니다. 이미 피하지 못하고 이 자리에 있게 되었으므로, 성인의 학문을 권하여 전하를 인도하고 덕을 기르고 쌓으시도록 도와 전하께서 요순 시대[13]의 융성함을 이루시도록 해야 할 책임이 있으니, 감당할 수

---

9 이덕유(789~849)가 당나라 경종에게 바친 것으로, 단의는 천자가 제후를 대할 때 뒤에 세우는 붉은 병풍이고, 육잠은 여섯 가지의 잠언을 말한다.

10 「빈풍豳風」은 『시경詩經』의 편명이고 〈칠월七月〉은 「빈풍」의 첫머리로, 백성들이 농사짓는 어려움을 담고 있다. 송나라 진덕수(1178~1235)는 임금이 백성의 고통을 알고 바르게 정치하도록 하기 위해 그 내용을 그림으로 그려 올렸다. 조선시대에도 이러한 목적으로 여러 신하가 「빈풍칠월도」를 그려 올렸다.

11 퇴계는 중종 29년 34세로 출사하여 인종, 명종, 선조까지 4명의 임금을 모셨다.

12 왕과 신하가 경전을 강론하는 모임으로 대개 학문과 인품이 뛰어난 신하가 경연관으로 임명된다. 퇴계는 1568년 여름, 갑자기 왕위에 오르게 된 선조의 간곡한 부탁으로 상경하여 17세의 어린 왕 선조를 위해 성심을 다하여 경연에 임하였다.

13 요堯와 순舜은 중국 고대 전설상의 임금으로 유교에서 설정한 이상적 인간이며, 요순시대는

없다는 이유로 그 책임을 저버릴 수 있겠습니까?

그러나 신은 학문이 거칠고 말주변이 없는 데다 병까지 잇따라서 부름을 받고 올라온 뒤에도 궐에 들어가 전하를 모시고 강의하는 일이 드물었는데 날이 추워지고는 거의 조정에 나아가지 못하였으니, 신의 죄는 만 번 죽어 마땅하여 근심과 두려움을 떨칠 수 없습니다.

신이 가만히 생각해 보니 지난여름 「무진육조소」[14]를 통해 드렸던 말씀은 전하의 마음을 움직이기에 부족하였던 것 같습니다. 그 뒤로 조정에서 아홉 차례 경연을 통해 드렸던 말씀도 전하의 지혜를 밝게 드러내기에 미흡하였으니, 모자란 저의 능력과 정성으로 이제 어떤 말씀을 더 드려야 할지 모르겠습니다.

그런데 옛 현인과 군자들이 성인이 되는 학문을 밝히고 마음을 다스리는 방법을 터득하여 그림과 해설로 만들어 놓은 것이 있었습니다. 그들은 그림과 해설로 도에 들어가는 문과 덕을 쌓아가는 기초를 사람들에게 보여주었는데, 지금 그 그림과 해설들이 해와 별처럼 밝게 세상에 전해져 있습니다. 그래서 감히 그 그림과 해설을 전하께 보여드림으로써 옛 제왕이 악공樂工에게 훌륭한 선대

태평성대와 동의어로 이상사회를 지칭한다.

14 퇴계는 막 즉위한 어린 선조의 부름을 받고 이듬해인 무진년(1568) 여름 상경하여 군주가 갖추어야 할 자세와 올바른 정치 방법을 여섯 조목으로 나누어 서술한 「무진육조소」를 올렸다.

임금을 기리는 노래를 읊도록 하고, 세숫대야와 식기에까지 자신을 깨우치는 글귀를 새겼던 것을 대신하고자 하오니, 지난날 중시했던 것들을 빌려와 장래에 이로움이 있기를 바랄 뿐입니다.

이러한 바람으로 지금 전해지는 옛 그림과 해설 중에서도 분명하고 중요한 것들을 신중히 가려내어 일곱 가지를 골랐습니다. 일곱 가지 중 제6도인 「심통성정도」는 정복심[15]의 그림에 신이 만든 두 개의 그림을 덧붙인 것입니다. 이 일곱 가지 외에 신이 추가로 세 개의 도설圖說을 만들었으나 그 내용과 의미, 체제는 옛 현인들이 남긴 가르침을 바탕으로 구성한 것이며 신이 새로 지어낸 것이 아닙니다. 이상 열 가지 그림을 모두 합하여 『성학십도』를 만들고 각 그림마다 외람되게 신의 의견을 붙인 후 정성껏 필사하여 전하께 올립니다.

다만 신이 추위에 약하고 병이 든 상태에서 혼자 애써 『성학십도』를 짓다 보니 눈이 어둡고 손이 떨려 글씨가 단정하지 못하고 내용도 바르지 않은 데다 줄과 글자가 고르지 않고 규격도 맞지 않습니다. 만일 전하께서 물리치지 않으신다면, 이 초본을 경연관에게 내리시어 내용을 상세히 논의하고 잘못된 것은 고치고 보완하도록 하시기를 바랍니다. 그리고 글씨 잘 쓰는 사람에게 그 수정본을 똑같이 옮겨 쓰도록 하고, 관청에 보내 병풍 한 좌를 만들도록

---

15 원나라 학자로 호는 임은林隱이다. 『성학십도』 중 제2도 「서명도」와 제6도 「심통성정도」의 상도上圖, 그리고 제8도 「심학도」는 정복심의 그림이다.

하여 전하께서 조용하고 편안히 거처하는 곳에 펼쳐 놓으시기를 바랍니다. 또한 바라옵건대 병풍과는 별도로 조그마한 서첩으로도 만들어 전하의 자리 옆이나 책상에 놓아두시고 거동하실 때마다 항상 보시면서 몸과 마음을 바르게 하시는 데에 활용하신다면, 충심을 다하고자 하는 신의 보잘것없는 마음에 이보다 다행이 없겠습니다. 다만 전하께 아직 『성학십도』의 의의를 다 말씀드리지 못하였으니, 다시 자세히 말씀드리고자 합니다.

전하, 『맹자』에는 "마음의 주된 기능은 생각하는 것이니 생각하면 얻고 생각하지 않으면 얻지 못한다."는 말이 있고, 기자箕子[16]가 주나라 무왕에게 올린 「홍범洪範」에는 "생각할수록 지혜로워지고 지혜로우면 성인이 된다."는 말이 있습니다. 마음은 보통 가슴 속 작은 곳에 자리 잡고 있는데 텅 빈 듯하면서도 지극히 영묘합니다. 그리고 만물의 이치는 성현이 남긴 그림과 글 속에 들어 있는데 분명하면서도 진실합니다. '빈 듯하면서 영묘한 마음'으로 '분명하면서 진실한 이치'를 탐구하면 깨닫지 못할 것이 없을 것이니, "생각하면 얻고, 지혜로우면 성인이 된다."는 『맹자』와 「홍범」의 가르침을 어찌 지금 증명하기 어렵겠습니까?

그러나 영묘한 마음은 석극 동세하지 못하면 일이 잎에 딕처

---

16 중국 은나라 왕족이자 기자조선의 시조로 알려진 전설상 인물이다. 은나라가 멸망하자 조선으로 망명하여 그와 그의 후손이 고조선을 통치했다고 하나 정확히 알 수 없다.

도 제대로 처리할 생각을 하지 못합니다. 사물의 이치는 분명하고 참되지만 명확히 탐구하지 않으면 눈앞에 있어도 깨달을 수 없습니다. 이것이 성현이 남긴 그림과 해설이 있다고 해서 깊이 생각하는 것을 소홀히 해서는 안 되는 이유입니다.

공자는 "배우기만 하고 생각하지 않으면 사리에 어둡고, 생각만 하고 배우지 않으면 독단에 빠지기 쉽다."[17]고 하였습니다. 배운다는 것은 어떤 일을 익혀서 참되게 실천함을 의미합니다. 성인의 학문은 마음으로 깊이 탐구하지 않으면 깨달을 수 없기 때문에 반드시 깊이 생각하여 그 미묘한 이치를 깨우쳐야 합니다. 또한 성인의 학문은 철저히 익히지 않으면 위태롭고 불안해지기 때문에 반드시 철저히 익혀서 그 실제를 실천해야 합니다. 따라서 생각하는 것과 배우는 것은 서로 일으켜 주고 서로 보탬이 되는 관계입니다.

바라옵건대 전하께서 밝은 지혜로 이러한 이치를 깊이 탐구하시고 반드시 좋은 임금이 되겠다는 뜻을 굳게 세우십시오. 그리고 "순임금은 어떤 사람이고 나는 어떤 사람인가? 노력하면 나도 순임금처럼 될 수 있다."는 『맹자』의 말을 유념하시고 생각하고 배우는 이 두 가지 공부에 세차고 꿋꿋하게 힘쓰시기를 바랍니다.

그런데 이 두 가지 공부에 힘쓸 때는 '경敬'의 상태를 유지하는

---

17 원문은 "학이불사즉망學而不思則罔, 사이불학즉태思而不學則殆."로 『논어論語』 「위정爲政」 편에 나오는 말이다.

것이 가장 중요합니다. 경의 상태를 유지하는 것은 생각함과 배움을 아우르고 움직임과 고요함을 일관하며 안과 밖을 합치시키고 드러남과 감추어짐을 하나로 하는 길입니다. 경을 유지하는 것은 몸가짐을 가지런하고 엄숙하고 고요하게 하여 마음을 보존하는 것과 배우고 묻고 생각하고 변별하면서 이치를 탐구하는 두 가지 방법이 기본이 됩니다. 아울러 마음과 감정이 움직이기 전에는 경계하고 두려워하면서 더욱 엄숙히 하고 조심하며, 고요하고 외로이 홀로 있을 때는 더욱 정밀하게 자신을 성찰해야 합니다.

『성학십도』 중 한 그림에 대해서 생각할 때는 다른 그림들이 있음을 잊어버릴 정도로 그 그림에 집중해야 하고, 한 가지 일을 배울 때에는 다른 일들이 있음을 인지하지 못할 만큼 그 일에 전념해야 합니다. 이같이 경의 자세를 유지하면서 생각하는 공부와 배우는 공부가 아침저녁으로 한결같아야 하고 오늘도 내일도 계속되어야 합니다. 그리고 깊은 밤이나 이른 새벽처럼 기운이 맑을 때는 배우고 익힌 것들의 요점을 차근차근 다시 사색하고 음미해야 하며, 일상생활 속에서도 배우고 익힌 것들을 체험하고 길러나가야 합니다.

처음에는 생각하는 것과 배우는 것이 뜻대로 되지 않고, 서로 모순되는 것 같아 석연찮기도 할 것입니다. 때로는 매우 힘이 들기도 하고 즐겁지 않고 어렵게만 느껴질 수도 있습니다. 그러나 이러한 걱정과 어려움은 곧 옛 성현이 말한 장차 크게 진전이 있을 조짐이요 좋은 소식이 될 실마리이니 절대로 걱정과 어려움 때문에 스스로 포기하지 마시고 자신을 믿고 더욱 분발하셔야 합니다.

전하, 참된 이치를 터득해 쌓아가고 실천하고 노력하기를 오랫동안 계속하면 마음과 이치가 서로 젖어들면서 자연스럽게 융화하고 관통할 것입니다. 또한 배우고 익힌 것과 실제의 일 사이에 어색함이 없어져서 점차 순탄하고 편안하게 일이 처리되는 것을 체험하실 수 있을 것입니다. 이로써 처음에는 한 가지에 전념하는 것으로 시작하여 끝내는 그 모두가 하나로 화합할 수 있게 되는 것입니다.

이것이 바로 맹자가 말한 "깊이 이해하여 스스로 체득하는" 경지이며, "즐겁게 노력하면 이런 마음이 생길 것이니 이런 마음이 생기면 어찌 그만둘 수 있겠는가?"라는 말에 나타나 있는 체험입니다. 계속해서 부지런히 노력하여 전하의 재능을 발휘하신다면 안연顏淵[18]과 같이 전하의 마음이 인仁을 어기지 않게 되어 나라를 위하는 일들이 모두 그 안에 갖추어지게 될 것입니다. 또한 증자曾子[19]와 같이 "자신의 마음을 참되게 하는 것과 타인을 헤아리는 것이 하나로 통하여" 도를 후세에 전하는 책임을 전하 스스로 감당하실 수 있게 될 것입니다. 더불어 조심하고 공경하는 자세를 일상에서도 잃지 않게 되어 『중용』에서 말한 "마음이 지극히 평온하고 조

---

18 이름은 회回이며 학문과 덕행이 높아 공자가 가장 아끼던 제자이다. 석 달 동안 한순간도 인을 어기지 않았을 만큼 수양이 깊었다.

19 이름은 삼參이며 공자의 가르침을 후대에 전하였다.

화로워서 천지가 제자리를 찾고 만물이 길러지는" 성과를 이루실 수 있을 것입니다. 또한 덕행을 실천하여 사람이 지켜야 할 도리를 다하게 되므로 하늘과 사람이 하나가 되는 현묘한 이치를 깨달으실 수 있을 것입니다.

전하, 『성학십도』는 그림과 해설을 겨우 열 폭의 종이 위에 나열한 것일 뿐이니, 생각하고 배우는 공부는 반드시 평소 거처하는 곳에서 이루어 나가야 합니다. 하지만 도를 이루어 성인이 되는 요점과 근본을 바르게 하여 올바른 다스림을 이루는 근원이 『성학십도』에 모두 갖추어져 있으니, 전하께서는 오직 여기에 마음을 두시고 굳은 의지를 더하시어 처음부터 끝까지 반복하여 보시기 바랍니다. 가볍게 여기거나 소홀히 하지 않으시고 싫증 나고 번거롭다고 하여 버려두지 않으신다면, 종묘와 사직에 매우 다행스러운 일이며 신하와 백성들에게도 참으로 다행일 것입니다.

신은 시골 백성이 임금님께 미나리와 햇볕을 올리고자 했던 심정[20]을 이기지 못하고 전하의 위엄을 욕되게 하는 것을 무릅쓰면서 『성학십도』를 바치오니, 황송하고 두려워 숨죽여 처분을 기다립니다.

---

20 옛날 시골 백성이 임금에게 맛있는 음식과 따뜻한 옷이 있음을 모르고 자신들이 맛있게 먹었던 미나리를 임금께 바치고 추운 겨울 따뜻한 볕을 쬐는 방법을 알려드리고 싶어 했다는 고사에서 온 말이다. 『성학십도』가 보잘것없는 것일지라도 임금을 향한 자신의 정성을 알아달라는 의미이다.

제1도 「태극도」

역해자 해설

서문에서 퇴계는 선조에게 '나도 순임금처럼 될 수 있다'는 생각으로 배움과 실천에 매진할 것을 요청하였다. 순은 인격과 역량을 갖추고 하늘과 같은 경지에 이른 성인이자 군주로 일컬어진다. 그러면 선조는 어떻게 해야 순과 같은 완벽한 경지에 이를 수 있을까? 퇴계를 비롯한 성리학자들에게 완벽한 인간은 만들어지는 것이 아니라 회복되는 것이다. 인간의 본성은 하늘의 이치를 받은 것이므로 인간의 본질은 하늘과 같다. 그러나 타고난 기질이나 후천적 환경, 경험 등에 의해 그 본질이 가려진다. 따라서 수양을 통해 본성을 가리는 요소들을 걷어내면 인간은 본성을 회복할 수 있다.

유학은 인간의 본성이 순수하고 선하다고 단언한다. 바로 이점, 인간의 본성을 긍정한다는 점이 유학과 서양 사상의 본질적 차이이다. 서양의 종교나 철학·사상은 기본적으로 인간의 본성을 악하거나 이기적이라고 규정한다. 그러므로 서양의 종교는 인간 스스로 성인의 경지에 올라 하늘과 동등해지는 것이 아닌 하늘의 명에 순종하여 구원받는 것을 중시한다. 서양의 철학과 사상이 그리스 이래로 '이성'을 강조한 것도 이기적인 인간 본성을 통제하고 완화하기 위함이었다.

유학에서 인간의 본성을 긍정하는 것은 우리가 성인이 될 수 있는 가능성을 열기 위해서이다. 성인의 경지에 이르고 하늘과 합일合─할 수 있다면 인간은 그 길을 갈 수밖에 없고 가야만 한다. 이로써 성인이 되어야 하는 당위성이 동시에 성립한다. 할 수 있고 해야 한다면 그 방법을 찾을 것이니, 이로써 인간은 수양의 필연성을 깨닫게 된다. 퇴계가 『성학십도』의 첫머리에 「태극도」를 제시한 것은 선조에게 성군이 될 수 있는 가능성과 당위성을 알려주고 수양의 필연성을 깨닫게 하기 위해서였다.

「태극도」를 통해 퇴계가 하고자 하는 이야기를 한마디로 압축하면 '인간은 완벽하며 선조 당신도 완벽하다'는 것이다. 그러나 그 완벽함은 본질적인 측면이지 현실에서는 그렇지 않다. 때문에 퇴계는 「태극도」에서 '군자는 성인이 되기 위하여 수양하므로 길하고, 소인은 그렇지 않으므로 흉하다'고 하였다. 수양은 참된 앎을 추구하고 그 앎을 곧바로 실천하는 두 가지 길로 나누어지는데, 「태극도」는 일차적으로 우주, 인간, 그리고 만물의 본질과 생성 원리에 대한 앎을 제공하고 나아가 그 앎을 실천하려는 자세를 갖추게 한다.

태극은 태극기의 그 태극이다. 일상에서 늘 쓰는 말이지만 정작 태극이 무엇인지 아는 사람은 매우 드물다. 태극은 우주의 근본적 원리, 근본적 진리를 가리키는 말이다. 태극은 느낄 수는 없으나 엄연히 존재하는 궁극적 원리이자 진리이다. 퇴계는 태극을 어떤 실체로 이해하는 것을 막기 위해 무극이라는 개념과 함께 설명하였다. 태극은 음과 양으로 이루어지고, 음과 양이 활동하여 오행, 즉 화·수·목·금·토라는 만물의 원초적 특징들을 낳게 된다. 오행은 물로 나무가 자라고 땅에서 쇠가 나오는 것과 같은 상생의 관계와 물은 불을 꺼뜨리고 불은 쇠를 녹이고 쇠는 나무를 베는 것과 같은 상극의 관계로 운행된다. 오행의 이러한 상호관계로 만물이 생성되며, 만물 각각에는 '태극'이라는 이치가 내재하게 된다.

인간의 근원과 생성 원리는 만물과 동일하지만, 인간은 다른 존재와 달리 가장 빼어나고 순수한 기氣가 응축되어 이루어진다. 그러나 만물이 저마다 다르듯 인간도 타고난 기질이 저마다 다르므로 성인과 일반인의 차이가 생긴다. 하지만 타고난 기질이 다르더라도 극복할 수 있으니, 수양으로 기질을 극복해 가는 사람은 군자이고 그렇지 않은 사람은 소인이 된다. 퇴계는 「태극도」를 통해 인간 또한 우주의 근원과 생성 원리 및 그 질서에 의해 존재한다는 점을 분명히 제시함으로써 선조로 하여금 자신 또한 한 인간으로 거대한 질서 속에 있는 존재임을 깨닫게 하고 있다.

제1도 태극도

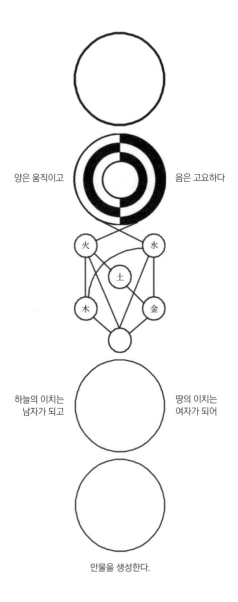

양은 움직이고

음은 고요하다

火　水

土

木　金

하늘의 이치는
남자가 되고

땅의 이치는
여자가 되어

만물을 생성한다.

주돈이[21]의 태극도 해설

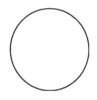 위의 둥근 원은 무극[22]을 나타내면서 동시에 태극[23]을 나타낸다. 그리고 무극·태극이 음陰과 양陽으로 변화하면서도 그 본질이 음·양과 섞이지 않음을 의미한다.

 이것은 태극이니 본체가 움직여 양이 되고, 고요해져 음이 되는 것을 나타낸다. 가운데 ○은 본체이자 핵심이다. 흰 반원은 양을 의미하는데 음을 의미하는 반대편 검은 반원의 뿌리가 된다. 검은 반원 또한 반대편 흰 반원의 뿌리가 되므로 음과 양이 서로의 뿌리가 되고 시작이 됨을 나타낸다.

---

21 주돈이(周敦頤:1017~1073)는 북송의 유학자로 호는 염계濂溪이다. 성리학의 형이상학적 기초를 닦은 인물로 도가 사상의 영향을 받았다고 평가되며 주희의 스승인 정호, 정이 형제가 주돈이에게서 수학하였다. 주돈이가 지은 「태극도설」은 태극도와 그 해설인 태극도설로 구성되어 있다.

22 무극無極: 직역하면 '끝이 없다'라는 말이지만, 성리학에서는 '형체는 없으나 궁극의 이치를 가진 그 무엇'이라는 형이상학적 개념으로 쓰인다.

23 태극太極: 『주역』에 나오는 용어로, 최고의 기준이나 원리, 사물의 궁극적 모습, 이치의 근원, 우주의 본체 또는 핵심 등을 의미한다.

 이것은 오행[24]과 오행 각각의 관계를 나타내는데, 음과 양이 변화하고 합해져 물, 불, 나무, 쇠, 흙이 생성됨을 의미한다.

 이것은 무극과 음양·오행이 오묘하게 조화하여 빈틈이 없음을 나타낸다.

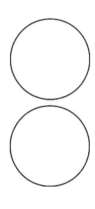 아래의 두 큰 원 중 위의 원 좌우의 "하늘의 이치는 남자가 되고 땅의 이치는 여자가 된다."는 말은 기氣가 이루어짐을 토대로 말한 것인데, 남과 여가 고유한 본성을 지니므로 각각 하나의 태극이 된다는 것이다. 맨 아래 원의 "만물을 생성한다"는 말은 음양·오행의 작용으로 형체가 생성된다는 말이며, 만물은 각자 자신만의 본성을 지니므로 만물 각각이 하나의 태극을 갖게 된다는 뜻이다.

---

24 오행五行: 만물의 변화 원리를 음양의 교차에 의해 발생하는 화·수·목·금·토의 다섯 가지 요소로 설명하는 개념이다.

주희[25]의 태극도 해설

우주의 근원은 무극이면서 태극이다. 태극이 움직여 양을 낳는데 움직임이 다하면 고요해진다. 태극이 고요해지면 음이 되는데 고요함이 다하면 다시 양이 된다. 움직임과 고요함은 서로를 낳으니, 이는 음과 양으로 나누어져 만물을 생성하는 본질이 된다. 음과 양이 변화하고 합해져서 화·수·목·금·토의 오행을 생성하고, 이 다섯 가지 기氣가 순조롭게 작용하여 계절이 바뀌며 돌아간다. 화·수·목·금·토의 오행은 음과 양에서 나온 것이고 음양은 하나의 태극에서 나온 것이며 태극은 본래 무극이다.

화·수·목·금·토의 오행이 생겨나면서 각각 그 특성을 하나씩 갖추게 된다. 무극의 순수한 이치와 음양·오행의 정수가 오묘하게 합해지고 조화되면서 '하늘의 도'는 남자를 이루고 '땅의 도'는 여자를 이룬다. 음과 양의 두 기가 교감하여 만물을 낳고, 만물이 또 만물을 끊임없이 생성하면서 무궁하게 변화한다.

특히 사람은 음양이 교감하여 생성하는 기 중에서도 순수하고

---

25 주희(朱熹:1130~1200)는 동양 최대의 사상가이자 유학자로 남송南宋 시대 사람이다. 호는 회암晦庵이고 흔히 주자朱子라는 존칭으로 불려진다. 북송北宋 오자五子로 불리는 소옹, 주돈이, 장재, 정호, 정이의 유학 사상을 기반으로 공자·맹자 등 초기 유학을 재해석하고, 불교와 도교의 이론을 수용하여 새로운 유학인 성리학의 체계를 완성하였다. 『논어』, 『맹자』, 『대학』, 『중용』의 사서四書를 새롭게 주석한 『사서집주』는 이후 동아시아 유학에 지대한 영향을 미쳤다. 〈주희의 태극도 해설〉은 주돈이의 「태극도」를 해석한 주희의 「태극도해」 일부를 퇴계가 발췌한 것이다.

빼어난 기가 모여 생긴 존재이므로 가장 신비하고 영묘하다. 사람은 형체가 만들어지면서 정신이 생기고 지각할 수 있는 능력을 갖추게 된다. 그리고 사람의 다섯 가지 도덕적 본성인 인·의·예·지·신이 외부 사물과 감응하여 상호작용 함으로써 선과 악이 나누어지고 온갖 일이 생겨난다.

이러한 원리를 토대로 성인께서는 치우치지 않음과 올바름, 인仁과 의義로 인간의 도리를 정하시면서 발현되지 않은 고요한 상태의 본성을 기준으로 사람이 가야 할 이상적 길을 제시하였다. 그러므로 성인의 덕은 천지와 같고, 성인의 밝음은 일월日月과 같고, 성인의 행동은 사계절의 운행처럼 질서 있고 때에 맞으며, 성인의 지혜는 귀신처럼 길흉을 알 수 있다. 군자는 이러한 성인을 본받기 위해 수양하므로 길吉하게 되고 소인은 성인의 가르침을 거스르므로 흉凶하게 된다.

그러므로 『역易』[26]에서는 "하늘의 이치를 음과 양이라 하고, 땅의 이치를 부드러움과 굳셈이라 하며, 사람의 도를 인과 의라고 한다." 하였고, 또 "시작의 근원을 찾고 끝을 돌이켜 반성하므로 삶과 죽음의 이치를 안다." 하였으니, 『역』의 이치는 참으로 위대하고 지극하다.

---

26 역易: 『역경』을 의미하며 동양에서 가장 오래된 경전으로 유학의 자연철학과 실천윤리의 기본이 되는 책이다. 고대로부터 보완·발전되어 왔으며, 보통 주나라 때 체계화된 『주역』을 의미한다.

퇴계의 「태극도」해설

　전하, 주희의 말을 참고하여 좀 더 자세히 「태극도설」에 대하여 말씀드리겠습니다. 「태극도설」은 앞부분에서 음과 양이 변화하는 근원을 말하였고 다음으로는 사람이 선천적으로 받은 본성에 대해 밝히고 있습니다. "사람은 음양이 교감하여 생성하는 기 중에서도 순수하고 빼어난 기가 모인 존재이므로 가장 신비하고 영묘하다."는 주희의 말은 결국 사람의 본성은 지극히 순수하면서도 선하다는 것이며, 이 순수하고 선한 본성이 바로 '태극'입니다.

　주희는 또 "형체가 만들어지면서 정신이 생기고 지각할 수 있는 능력을 갖게 된다."고 하였는데, 움직이고자 하는 양과 고요하고자 하는 음의 상호작용으로 정신과 지각 능력이 생기게 되는 것입니다. "사람의 다섯 가지 본성인 인·의·예·지·신이 외부 사물과 감응하여 상호작용한다."는 말은 곧 음과 양이 변화하고 합해져서 화·수·목·금·토의 특성이 생기는 것을 말합니다. "선과 악이 나누어진다."는 것은 '하늘의 도'와 '땅의 도'가 각각 남자와 여자를 이루듯이 음양오행의 작용으로 현실의 다양한 모습이 나타남을 의미합니다.

　"온갖 일과 존재들이 생겨난다."는 것은 만물이 변화하고 생겨나는 모습을 말합니다. "성인께서 치우치지 않음과 올바름, 인과 의로 인간의 도리를 정하시면서 고요한 본성을 기준으로 사람이 가야 할 이상적인 길을 제시하였다."는 말은 성인은 태극의 본질을 온전히 받았으므로 천지의 본성과 괴리가 없다는 것을 의미합니다. 그러므로 이어서 다시 한번 "성인의 덕은 천지, 일월, 사계절, 귀신과 합치한다."고 하였던 것입니다.

주희에 의하면, 성인은 수양을 하지 않고서도 스스로 그렇게 된 사람입니다. 군자는 자신이 성인에 미치지 못함을 알고 수양으로 성인이 되고자 노력하므로 삶이 길한 것입니다. 소인은 자신이 성인에 미치지 못함을 알지 못하고 성인의 가르침을 거스르기 때문에 삶이 흉한 것입니다. 수양함과 거스름의 차이는 마음이 경敬을 유지하는가 아니면 마음을 제멋대로 놓아두는가에 달려있을 뿐입니다. 경을 유지하면 욕심이 적어지고 이치에 밝아집니다. 욕심을 줄이고 또 줄여서 결국 욕심이 없어지는 데에까지 다다르면 고요할 때는 마음이 텅 비고 움직일 때는 마음이 일관되고 정확하여 성인의 경지를 배울 수 있을 것입니다.

「태극도」와 이어지는 「태극도설」은 주렴계가 직접 그리고 설명을 붙인 것입니다. 남송의 유학자 섭채葉采가 「태극도」에 대해 말하기를, "이것은 『주역』 「계사전」의 '역易에는 태극이 있으니, 태극이 음양을 생성하고 음양은 사상四象[27]을 낳는다'는 구절의 뜻을 확장하여 밝혀 놓은 것입니다. 다만 『역』은 괘와 효를 가지고 이치를

---

27 자연 현상과 인간 사회의 일을 일월성신日月星辰, 태음·태양·소음·소양, 봄·여름·가을·겨울 등과 같은 네 가지 상징으로 풀이하는 『주역』의 개념이다.

설명하였고, 「태극도」는 음양의 조화를 기본으로 이치를 설명한 것입니다."라고 하였습니다. 그리고 주희는 "「태극도」는 도道와 이치의 핵심을 모은 것이고, 후세에 길이 전해질 성인이 되는 학문의 연원이다."라고 하였습니다. 제가 『성학십도』의 첫머리에 이 「태극도」를 제시한 것은 주희가 『근사록』에서 「태극도설」을 첫머리에 제시한 것과 같은 의미입니다.[28]

전하, 성인을 본받고자 하는 사람은 「태극도」에서부터 실마리를 구해나가고 다음으로 『소학』과 『대학』 같은 책을 힘써 배워야 합니다. 그 배움과 익힘이 효과를 거두어 궁극적인 하나의 근원에 거슬러 올라가 닿게 된다면, 이것이 바로 『주역』에서 말한 "궁극의 이치를 탐구하고 순수하고 선한 본성을 실현하여 결국 하늘의 뜻을 깨닫는다."는 경지이고, 이것이 바로 "신묘한 이치를 알고 만물의 변화를 깨우쳐 덕이 성대해진다."는 것입니다.

---

28 주희는 『근사록近思錄』에서 「태극도설」을 맨 앞에 제시하였는데 이는 사람들이 만물의 생성 원리를 파악하고 순수하고 선한 인간 본성의 연원을 깨닫게 하기 위해서였다. 퇴계가 『성학 십도』에서 「태극도」를 먼저 제시한 의도도 이와 같다.

제2도 「서명도」

역해자 해설

　「서명西銘」은 송나라 유학자 장재가 지은 글이다. 장재가 붙인 제목은 '어리석음을 바로잡음'이라는 뜻의 「정완訂頑」이었는데, 송나라 유학자 정이가 '장재가 자신의 방 서쪽 벽에 걸어두고 스스로 깨우치던 좌우명'이라는 뜻의 「서명」으로 제목을 고쳤다. 그리고 이 「서명」을 원나라 유학자 정복심이 그림으로 만든 것이 「서명도」이다.

　장재는 여러 경전에 수록된 성현들의 가르침을 바탕으로 불교와 도교에 경도된 당시 학풍에서 벗어나 어리석음을 바로잡고자 하였으니 「정완」은 이러한 그의 의도가 담긴 글이다. "천지를 위하여 마음을 세우고, 백성을 위하여 도를 세우며, 성인을 위하여 끊어진 학문을 계승하고, 후세를 위하여 정의로운 세상을 연다."는 그의 유명한 말에서도 유학을 새롭게 일신하고자 하는 그의 의지를 엿볼 수 있다.

「서명도」는 「태극도」의 내용을 인仁을 중심으로 확장하였다. 임금이 돌보아야 할 사람들과 존재들 및 그 존재들을 돌보는 길로써의 인과 효를 상도와 하도로 나누어 제시하였다. 먼저, 상도는 나와 만물의 특징과 그 질서를 제시하고 있다. 상도 첫머리의 '하늘을 아버지라 하고 땅을 어머니라 한다'는 말은 만물이 모두 천지·음양의 작용으로 생성되었음을 의미한다. 이어서 천지의 기운이 나의 형체를 이루었고 천지의 이치가 나의 본성이 되었으며 다른 존재들도 그 이치가 나와 동일함을 말하면서 나를 포함한 만물이 거대한 하나의 가족, 즉 동포임을 제시하고 있다.

특히 상도에서는 나와 만물의 관계를 인仁을 중심으로 위계적으로 구조화한다. 여기서 위계는 어떤 가치나 힘에 따른 것이 아니라 나의 인仁이 미치는 범위에 따른 위계이다. 인은 자신으로부터의 관계적·심리적 거리에 따라 그 투영 정도가 달라지는 사랑이기 때문이다. 만물에 나의 인을 투영해야 하지만 나의 가족과 남의 가족을 대하는 정도가 다르듯 나와의 관계에 따라 인의 투영 정도는 달라질 수밖에 없다. 이에 따라 상도에서는 나와 백성 및 사물의 관계, 나와 임금 및 신하의 관계를 규정하고, 이어서 어른과 아이, 세상의 모든 어렵고 불쌍한 사람들을 인仁으로 대하고 보살펴야 함을 말하고 있다.

인仁으로 만물을 보살피고자 하는 사람은 반드시 하늘의 도를 따라 그것을 실천해야 한다. 그리고 하늘의 도를 따라서 인을 실천하는 가장 가깝고도 핵심적인 방법이 바로 효孝이다. 공자도 말하였듯, 효는 인을 함양하고 실천하는 근본이다. 이러한 전제하에 하도에서는 하늘의 도를 따르는 것이 인간의 선한 본성을 지키는 길이자 효의 길임을 말하고, 효의 모범을 여러 경전에 실린 인물과 고사를 통해 보여주고 있다. 효를 통해 하늘의 도를 따르고 인을 모든 존재에게 투영하는 삶을 산다면 생의 마지막 순간 편안히 눈감을 수 있을 것이다. 그래서 하도는 '죽어서 나는 편안히 돌아갈 것이다'라는 말로 끝맺고 있다.

「서명도」은 유학의 주요 경전에서 발췌한 내용으로 구성되어 있으므로 발췌한 원전의 출처와 내용을 알아야 온전히 이해할 수 있다. 퇴계는 「서명고증강의西銘考證講義」에서 「서명」에 인용된 원문의 출처와 의미를 자세히 서술하였고 이를 경연에서 임금에게 강의하였다. 여기서도 독자의 이해를 돕기 위해 번다하지 않은 선에서 각주를 활용하여 내용의 출처와 의미를 설명하고자 하였다.

퇴계가 『성학십도』를 지어 올리고 2년 후 율곡 이이는 퇴계에게 질문의 형식으로 『성학십도』에 대한 자신의 견해를 몇 가지 밝혔다. 그 중 「서명도」에 대한 질문이 있었는데, 요지는 「서명도」가 논리적으로 완전하지 않으며, 「서명도」에 등장한 인물 중에는 순임금이나 우임금같이 도道를 실현한 인물과 그렇지 않은 인물이 있으니 서로 격이 맞지 않는다는 것이었다. 율곡의 의문에 퇴계는 「서명」이 '이일분수理一分殊'를 설명하고 있고 교육적으로 의미가 있으므로 약간의 논리적 불완전성이나 성현이 아닌 사람을 성현과 섞어놓았다는 것은 부차적인 문제라고 하였다.

제2도 서명도

〈서명도 상〉

이 그림은 「서명도」의 윗부분입니다. 하나의 궁극적 이치가 만물 각각에
저마다의 이치로 나누어져 내재함을 설명하였습니다.*

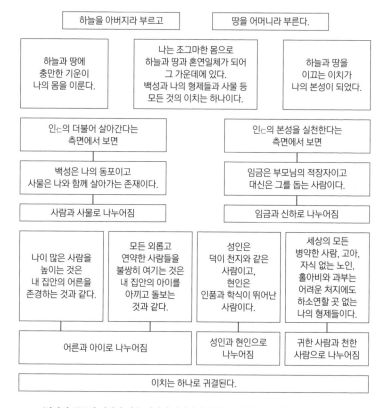

| 하늘을 아버지라 부르고 | 땅을 어머니라 부른다. |

| 하늘과 땅에 충만한 기운이 나의 몸을 이룬다. | 나는 조그마한 몸으로 하늘과 땅과 혼연일체가 되어 그 가운데 있다. 백성과 나의 형제들과 사물 등 모든 것의 이치는 하나이다. | 하늘과 땅을 이끄는 이치가 나의 본성이 되었다. |

| 인仁의 더불어 살아간다는 측면에서 보면 | 인仁의 본성을 실천한다는 측면에서 보면 |

| 백성은 나의 동포이고 사물은 나와 함께 살아가는 존재이다. | 임금은 부모님의 적장자이고 대신은 그를 돕는 사람이다. |

| 사람과 사물로 나누어짐 | 임금과 신하로 나누어짐 |

| 나이 많은 사람을 높이는 것은 내 집안의 어른을 존경하는 것과 같다. | 모든 외롭고 연약한 사람들을 불쌍히 여기는 것은 내 집안의 아이를 아끼고 돌보는 것과 같다. | 성인은 덕이 천지와 같은 사람이고, 현인은 인품과 학식이 뛰어난 사람이다. | 세상의 모든 병약한 사람, 고아, 자식 없는 노인, 홀아비와 과부는 어려운 처지에도 하소연할 곳 없는 나의 형제들이다. |

| 어른과 아이로 나누어짐 | 성인과 현인으로 나누어짐 | 귀한 사람과 천한 사람으로 나누어짐 |

| 이치는 하나로 귀결된다. |

* '하나의 궁극적 이치가 만물 각각에 저마다의 이치로 내재한다'는 말은 성리학의 주요 개념
인 '이일분수理—分殊'를 풀이한 것이다. 「태극도」에서는 음양과 오행의 작용으로 만물이 생성
되면서 만물 각각에도 하나의 태극이 내재함을 설명하였다. 이일분수는 「태극도」의 설명과
상통하는 개념으로, 근원적인 하나의 이치가 만물 각각에 내재하여 서로 다른 모습으로 드러
나지만 결국 한 이치의 다른 모습임을 말한다. 하늘에 뜬 달을 근원적 이치라 한다면, 바다와
강과 호수에 비친 달은 근원적 이치가 각 사물에 투영된 것으로 비유할 수 있다. 저마다 다른
모습으로 비치는 달이지만 모두 하늘의 달에 근원 하는 것이며 궁극적으로 같은 달이다.

〈서명도 하〉

이 그림은 「서명도」의 아랫부분입니다. 부모님을 위하는 지극한 정성을
바탕으로 하늘을 섬기는 도리를 논하였습니다.

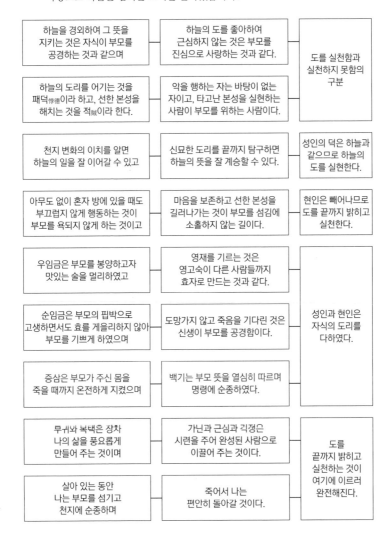

하늘을 경외하여 그 뜻을 지키는 것은 자식이 부모를 공경하는 것과 같으며	하늘의 도를 좋아하여 근심하지 않는 것은 부모를 진심으로 사랑하는 것과 같다.	도를 실천함과 실천하지 못함의 구분
하늘의 도리를 어기는 것을 패덕悖德이라 하고, 선한 본성을 해치는 것을 적賊이라 한다.	악을 행하는 자는 바탕이 없는 자이고, 타고난 본성을 실현하는 사람이 부모를 위하는 사람이다.	
천지 변화의 이치를 알면 하늘의 일을 잘 이어갈 수 있고	신묘한 도리를 끝까지 탐구하면 하늘의 뜻을 잘 계승할 수 있다.	성인의 덕은 하늘과 같으므로 하늘의 도를 실현한다.
아무도 없이 혼자 방에 있을 때도 부끄럽지 않게 행동하는 것이 부모를 욕되지 않게 하는 것이고	마음을 보존하고 선한 본성을 길러나가는 것이 부모를 섬김에 소홀하지 않는 길이다.	현인은 빼어나므로 도를 끝까지 밝히고 실천한다.
우임금은 부모를 봉양하고자 맛있는 술을 멀리하였고	영재를 기르는 것은 영고숙이 다른 사람들까지 효자로 만드는 것과 같다.	성인과 현인은 자식의 도리를 다하였다.
순임금은 부모의 핍박으로 고생하면서도 효를 게을리하지 않아 부모를 기쁘게 하였으며	도망가지 않고 죽음을 기다린 것은 신생이 부모를 공경함이다.	
증삼은 부모가 주신 몸을 죽을 때까지 온전하게 지켰으며	백기는 부모 뜻을 열심히 따르며 명령에 순종하였다.	
부귀와 복택은 장차 나의 삶을 풍요롭게 만들어 주는 것이며	가난과 근심과 걱정은 시련을 주어 완성된 사람으로 이끌어 주는 것이다.	도를 끝까지 밝히고 실천하는 것이 여기에 이르러 완전해진다.
살아 있는 동안 나는 부모를 섬기고 천지에 순종하며	죽어서 나는 편안히 돌아갈 것이다.	

「서명西銘」

하늘을 아버지라 하고 땅을 어머니라 하며 나는 여기에 조그마한 몸으로 하늘과 땅과 혼연일체가 되어 그 가운데에 있다. 그러므로 하늘과 땅 사이에 가득 차 있는 기운이 나의 형체를 이루었고, 하늘과 땅을 이끄는 이치가 나의 본성을 이루었다. 백성은 나의 동포이고, 만물은 나와 함께하는 존재이며, 임금은 부모의 적장자이고,[29] 신하들은 그 맏아들을 돕는 사람이다.

모든 나이 많은 사람을 높이고 대접하는 것은 내 집안의 어른을 높이고 대접하는 것과 같고, 모든 외롭고 연약한 사람을 불쌍히 여기는 것은 내 집안의 아이를 아끼고 돌보는 것과 같다. 성인은 덕이 천지와 같은 사람이고, 현인은 인품과 학식이 뛰어난 사람이다. 세상의 모든 지치고 고달프고 병든 사람, 부모가 없는 아이, 자식 없는 노인, 그리고 홀아비와 과부는 어려운 처지임에도 하소연할 곳이 없는 나의 동포이자 형제들이다.[30]

---

29 조선 최초로 방계 출신의 왕인 선조에게는 이에 대한 열등감이 있던 것으로 보인다. 퇴계는 이를 간파하고 「무진육조소」의 첫머리에서 '계통을 중시하고 인과 효를 온전히 갖추라'고 선조에게 조언하였다. 명종의 양자로서 법적으로 왕이 된 이상 출신은 중요치 않다는 말이다. '임금은 부모의 적장자이며, 신하는 그를 돕는 사람이다'라는 위의 말도 「무진육조소」의 내용과 상통한다. 퇴계의 이 같은 가르침으로 선조는 친부모와 명종 내외를 모두 잘 모시고 화목하게 하였다. 선조에 대해서는 긍정과 부정의 평가가 모두 존재하나 그가 효를 다하여 왕실을 안정시켰다는 점에는 이견이 없다.

30 『맹자』에 나오는 말이다. 맹자는 "늙어서 아내가 없는 사람을 홀아비라 하고, 늙어서 남편이 없는 사람을 과부라 하며, 늙어서 자식이 없는 것을 고독한 사람이라 하고, 부모가 없는 아이를 고아라 한다. 이 네 부류의 사람들은 의지할 곳 없는 천하의 곤궁한 사람들이다."라

하늘을 경외하고 하늘의 뜻을 지키는 것은 자식이 부모를 공경하는 것과 같고, 하늘의 도를 좋아하고 근심하지 않는 것은 자식이 부모를 진심으로 사랑하는 것과 같다. 하늘의 뜻을 어기는 것을 패덕悖德이라 하고, 사람의 선한 본성[仁]을 해치는 것을 적賊이라 한다. 악을 행하는 자는 기질이 좋지 않은 자이고, 타고난 본성을 실현하는 사람은 부모를 위하는 사람이다. 자연이 변화하는 이치를 알면 하늘의 일을 잘 이어갈 수 있고, 신묘한 도리를 끝까지 탐구하면 하늘의 뜻을 잘 계승할 수 있다. 아무도 없이 혼자 방에 있을 때에도 스스로 부끄럽지 않게 행동하는 것[31]이 부모를 욕되게 하지 않는 길이고, 마음을 보존하고 선한 본성을 길러나가는 것이 부모를 섬김에 소홀하지 않는 길이다.

우임금[32]은 맛있는 술에 빠져 부모님께 소홀해지는 것을 막고자 술을 끊었고, 영고숙[33]은 자신의 효심을 다른 사람들에게 심어줌으로써 효심이 뛰어난 인재들이 계속 길러지도록 하였다. 순임금은 고생을 감내하면서 효도를 게을리하지 않아 부모와 동생들을 감동시켰고, 신생[34]은 아버지를 공경하여 모함받고도 피하지 않았

31 신독愼獨을 뜻한다. 신독은 남이 모르는 자신의 마음속에서도 스스로를 속이지 않고 진실하고 엄숙함을 유지하는 것으로 유학의 중요한 수양법이다. 『대학』과 『중용』에 나온다.
32 고대 전설상 왕조인 하夏 나라의 시조로 일컬어진다. 순임금에 의해 발탁되어 황허강의 범람을 다스렸다. 『맹자』에 "우禹임금은 술을 멀리하고 선한 말을 가까이하였다."라는 말이 있다.
33 춘추시대 정鄭 나라 사람으로 효심이 깊어 주군인 정장공과 정장공의 어머니를 화해시켰다.
34 전국시대 진晉 나라 헌공이 태자 신생을 모함하는 측근의 말을 듣고 신생을 죽이려 하자 변

고 하여 특별히 보살펴야 함을 강조하였다.

다. 증삼[35]은 부모님께 받은 몸을 죽을 때까지 온전하게 지켜내었고, 백기[36]는 부모의 뜻을 과감하게 따르면서 순종하였다. 부귀와 복택은 장차 나의 삶을 풍요롭게 만들어 주는 것이요, 가난과 근심과 걱정은 시련을 통해 완전한 사람이 되도록 나를 이끌어 주는 것이다. 살아 있는 동안에 나는 부모를 섬기고 천지에 순종하며, 죽어서는 편안히 돌아가리라.

퇴계의 「서명」 해설

전하, 주희의 언급을 참고하여 「서명」에 대해 말씀드리겠습니다. 이 「서명」을 정이[37]는 하나의 궁극적 진리가 만물에 저마다의 특징적 이치로 내재해 있음을 강조한 것이라고 하였습니다. 생명을 가진 모든 존재에게 하늘은 아버지와 같고 땅은 어머니와 같으니, 이것이 바로 '하나의 궁극적 진리'라는 것입니다. 그러나 사람과 만물은 모두 혈맥, 곧 각자의 몸이 있으므로 생겨날 때 각자의

명하거나 도망가라는 주위 권유를 물리치고 죽음을 택하여 아버지에 대한 공경을 보였다.
35 공자의 제자로 효성이 뛰어났고 공자의 사상을 후세에 전하는 데에 크게 공헌하였다. 말년에 병이 위중해지자 제자들을 불러 이불을 들춰 자신의 신체가 온전히 보전되었음을 보게 하고는 평생 부모님이 주신 몸을 온전히 보전하기 위해 전전긍긍하였다고 말하였다.
36 『시경』에 등장하는 인물로 아버지가 후처의 말을 듣고 자신을 내쫓자, 들판에 나가 거문고를 타다가 강물에 빠져 죽었다.
37 정이程頤(1033~1107): 북송의 유학자로 호는 이천伊川이다. 형인 정호程顥(호는 명도明道)와 함께 이정二程으로 불린다. 주희가 성리학을 체계화하는 데에 지대한 영향을 주었다.

부모가 있게 되고 자식이 있게 되니 그로 인해 모든 존재는 개별성을 지니게 됩니다.

하나의 이치로 모두 연결되어 있으면서도 만 가지로 서로 다르기 때문에, 천하가 한 집안이고 한 나라가 곧 한 사람과 같다고 하여도 '모든 사람을 똑같이 사랑한다'라는 잘못된 논리[38]에 빠지지 않을 수 있습니다. 그리고 모든 존재가 서로 다르지만, 아버지인 하늘과 어머니인 땅 사이에서 태어난 소중한 생명이라는 '하나의 궁극적 진리'를 공유하기 때문에 '나 자신만을 위한다'라는 이기적인 마음[39]에 얽매이지 않을 수 있습니다. 이것이 「서명」에서 말하고자 하는 핵심입니다.

부모를 사랑하는 두터운 마음을 확장하여 이기심을 버리고 모든 존재를 위하는 마음을 키우며, 부모를 사랑하는 정성스러운 노력으로 하늘을 섬기는 도리를 찾아 나간다면, 어떤 존재든 자신이 가진 저마다의 특징에서 시작해 '하나의 궁극적 진리'로 나아갈 수 있을 것입니다. 아울러 「서명」 앞부분의 내용은 바둑판에 비유할 수 있고, 뒷부분의 내용은 사람이 바둑을 두는 것에 비유할 수 있습니다.

「서명」은 정이의 말대로 이일분수理—分殊, 즉 하나의 궁극적 진

---

38 묵자(B.C. 400년경)의 겸애설. 묵자는 모든 사람을 조건 없이 똑같이 사랑하라고 하였다. 그러나 유학에서는 모든 사람을 사랑하되 내 부모를 남의 부모와 똑같이 사랑할 수 없듯이 사랑에는 관계와 친분에 따른 차이가 있다고 본다.
39 양주(B.C.440~380)의 극단적 개인주의 학설인 위아설을 가리킨다.

리가 만물에 저마다의 특징적 이치로 내재해 있음을 설명하고 있습니다. 하나의 진리, 곧 모든 존재와 생명의 소중함을 알기 때문에 사랑을 실천할 수 있습니다. 또 모든 존재는 개별적이라는 것을 알기 때문에 정의를 실천할 수 있는 것입니다. 이것은 "부모를 사랑한 다음 백성을 사랑하고, 백성을 사랑한 다음 만물을 사랑한다."는 맹자의 말과 같습니다. 모든 존재는 개별적이고 서로의 관계도 다르기 때문에 사랑을 주는 정도와 관계 맺음의 깊이에 차이가 있을 수밖에 없는 것입니다. 「서명」의 앞부분에서는 사람이 하늘과 땅의 자식임을 밝혔고, 뒷부분에서는 사람이 하늘과 땅을 섬길 때는 자식이 부모를 섬기는 것처럼 해야 한다는 것을 말하였습니다.

「서명」은 송나라 유학자 장재[40]가 지은 것입니다. 처음에는 제목을 어리석음을 바로잡는다는 뜻으로 「정완訂頑」이라 하였는데, 정이가 '서쪽 벽에 걸어둔 깨우침의 글'이라는 뜻의 「서명」으로 고쳤고, 원나라 유학자 정복심이 「서명」을 토대로 「서명도」를 만들었습니다.

성학聖學, 곧 '성인이 되기 위한 학문'은 인仁이 무엇인지 이해하고 실천하는 것을 목적으로 합니다. 그러므로 반드시 「서명」에서 드러내고자 하는 핵심을 직접 깊이 느껴야 나 자신이 천지 만물

---

40 장재(張載:1020~1077): 호는 횡거橫渠이며 기氣를 중심으로 유학을 새롭게 탐구하여 성리학의 이기론과 자연철학 분야에 많은 영향을 주었다. 조선의 서경덕(徐敬德,:1489~1546, 호는 화담花潭)도 기 중심의 철학을 전개한 점에서 장재와 유사하다고 평가된다.

과 한 몸이라는 것을 깨달을 수 있게 됩니다. 참으로 이러한 깨달음의 경지에 이른 뒤에야 비로소 인의 실천을 위한 수양이 내가 당연히 해야 하는 일처럼 절실하게 느껴지게 됩니다. 그리고 인의 실천을 위한 수양의 참맛을 느끼게 되어 성인이 되는 학문을 하는 것이 나와는 상관없는 일이라고 여길 우려가 없어집니다. 또한 다른 존재와 자신을 혼동하여 본분을 잊어버리는 문제점도 없어지게 되어 마음속 선한 본성이 온전해집니다. 「서명」이 강조하고 있는 것은 분명합니다. 그것은 바로 '인의 핵심', 곧 '생명'입니다. 그리고 마음속에서 인이 넓어지고 가득해질 때 성인이 된다는 것입니다.

제3도 「소학도」

역해자 해설

「소학도」는 『소학小學』의 체계와 내용을 토대로 퇴계가 그림으로 도식화한 것이다. 퇴계는 여기에 주희가 쓴 『소학』의 서문과 「대학혹문」의 내용, 그리고 자신의 해설을 덧붙였다. 『소학』은 1187년에 지어졌다고 하고 작자는 불분명하나 주희와 그의 제자가 지었다는 설이 유력하다. 『소학』은 일상에서 실천해야 할 기본적이고 필수적인 도덕규범을 여러 경전에서 선별하여 수록한 유학 교육의 입문서이다. 교육 방법에 관한 입교立敎, 도덕을 밝히는 명륜明倫, 몸을 공손히 하는 경신敬身, 성현의 일을 제시한 계고稽古, 성현의 좋은 말씀을 모은 가언嘉言, 착한 행실을 모은 선행善行의 총 6권으로 이루어져 있다.

『소학』은 본격적인 학문에 들어가기 전에 필수로 체득해야 할 인간의 도리를 담고 있기 때문에 모든 학문의 기초가 되는 책으로 매우 중시되었다. 우리나라에서는 조선 초부터 『소학』을 중시하여 서당, 향교, 서원 등 모든 교육기관에서 필수 교과였으며, 상급 교육기관으로 진학하기 위해 반드시 익혀야 하는 책이었다. 조선 중기 대표적 사림파 학자인 김굉필은 『소학』의 중요성을 강조하면서 평생 『소학』을 손에서 놓지 않으며 스스로를 '소학동자'라 칭하였고, 정암 조광조, 퇴계 이황, 율곡 이이 등 16세기 조선 성리학의 거장들도 『소학』이 모든 학문의 기본이라고 강조하였다.

　　조선시대 거의 모든 유학자가 이처럼 『소학』을 수신의 기본서로 강조한 이유는 유학이 가진 강한 실천 지향적 성격 때문이다. 흔히 유학은 현실과 거리가 있는 사변적인 학문으로 인식되고 있으나, 이는 조선 후기 유학의 부정적인 측면이 부각된 것이다. 강한 실천성은 유학의 가장 큰 특징이자 장점인바, 『소학』은 이러한 실천성을 함양하는 가장 기초적이고 중요한 책이다. 그리고 그 실천은 거창한 것이 아닌 쇄소응대灑掃應對, 곧 일상생활을 바르게 하고 사람을 바르게 대하는 것일 뿐이다.

　　퇴계는 「태극도」와 「서명도」를 통해 세상의 근본적인 이치와 삶의 거시적인 방향을 제시하였다. 그리고 곧바로 눈높이를 낮추어 「소학도」를 제시하였으니, 이는 이상은 높게 두되 실천은 현실의 나로부터 해 나가야 함을 의미한다. 이것을 유학에서는 '하학상달下學上達'이라고 한다. 현실에서 배우고 실천하여 이상에 도달한다는 것이다. 이로써 보면 학문 탐구와 수양을 통해 세상을 행복하게 한다는 유학의 이상은 『소학』의 실천에서 시작되는 것이다.

제3도 소학도

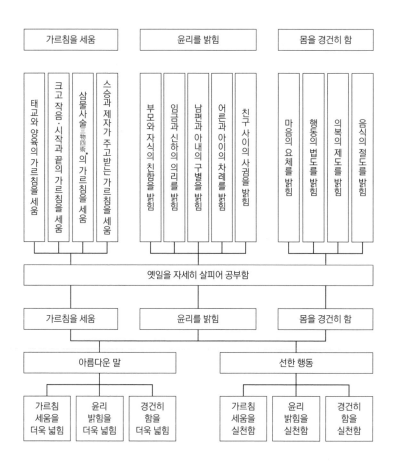

---

* 삼물三物은 육덕六德, 육행六行, 육예六藝를, 사술四術은 시詩, 서書, 예禮, 악樂을 말한다. 육덕은 지혜, 사랑, 성스러움, 의로움, 정성, 조화로움이다. 육행은 효, 우애, 화목, 혼인, 책임, 연민이다. 육예는 예절, 음악, 활쏘기, 말타기, 글쓰기, 셈하기이다. 전체적으로 삼물사술은 덕성, 실천, 지식 교육의 내용을 말한다.

『소학』의 서문[41]

원형이정元亨利貞[42]은 변치 않는 하늘의 도道이고, 인·의·예·지仁義禮智는 인간 본성의 핵심이라네. 모든 사람의 본성은 선하지 않음이 없으니, 사단四端[43]이 사물을 인식하여 무성하게 발현되네.

부모님을 사랑하고 형을 공경하고 임금께 충성하고 어른께 공손함이 바로 사람들의 선한 본성이니, 사람 스스로 따른 것일 뿐 억지로 시킨 것이 아니네. 성인은 본성대로 하여 하늘처럼 넓고 넓으니, 보태지 않아도 모든 선善을 갖추었네.

보통 사람들은 어리석어서 물욕에 마음이 자꾸 가려지니, 본성이 무너지고 자포자기[44]를 편안히 여기네. 성인이 이것을 측은하게 여겨 학교를 세우고 스승을 두어 그 뿌리를 북돋아 주고 가지를 뻗게 하였네.

---

41 주희가 지었으며 원제는 「소학제사」로 「제사題辭」는 서문이라는 뜻이다.

42 『주역』에서 제시한 천도天道의 네 가지 덕으로 천지자연의 네 가지 본성이라고 할 수 있다. 원元은 만물의 시작을, 형亨은 만물의 성장을, 이利는 만물의 완수完遂를, 정貞은 만물의 완성을 의미한다. 계절로는 각각 봄, 여름, 가을, 겨울을 의미하고, 인간의 이치인 성性과 짝지으면 각각 인, 의, 예, 지에 해당한다.

43 맹자가 인간에게 인·의·예·지와 같은 선한 본성이 있음을 알 수 있는 네 가지 단서로 제시한 마음으로, 각각 연민의 마음인 측은지심惻隱之心, 정의로운 마음인 수오지심羞惡之心, 양보하는 마음인 사양지심辭讓之心, 옳고 그름을 가리는 마음인 시비지심是非之心을 가리킨다.

44 "자신을 함부로 하는 사람[自暴者]과 함께 말할 수 없고, 자신을 버리는 사람[自棄者]과 더불어 일할 수 없다."는 『맹자』의 말이다. 쉽게 말해 자포자는 인간의 본질적 도덕성을 인정하지 않으면서 자신을 함부로 하는 사람을, 자기자는 스스로 자신은 도덕을 실천할 능력이 없다고 여기고 발전을 위한 노력을 멈추는 사람을 말한다.

『소학』의 실천 방법은 마당에 물 뿌려 비질하고 손님을 응대하며, 들어가서는 효도하고 나가서는 공경하여 행동이 도리에 어긋나지 않게 하는 것이라네. 이것을 실천하고도 여력이 있으면 시를 읊고 글을 읽으며, 노래하고 춤을 추며 불필요한 생각이 없도록 해야 한다네.

이치를 깊이 탐구하고 자신을 수양하는 것이 이 학문의 요점이니, 하늘이 내린 사명이 밝고 분명하여 안팎이 없다네. 본성은 이미 완전하여 늘거나 줄지 않는 것이니, 안으로 덕을 높이고 밖으로 공을 넓히면 그 본성을 회복할 것이라네.

세대가 멀어지고 성인이 없어지니 경전이 쇠퇴하고 가르침이 해이해져 어린이를 교육함이 바르지 못하고 이들이 자라서는 더욱 경박하고 사치스러워지네. 마을에는 좋은 풍속이 없어지고 세상에는 좋은 인재가 부족하니, 이익과 욕심으로 서로 다투고 이단의 말들만 시끄럽구나.

다행히도 사람들의 선한 본성이 아주 없어지지는 않았으니, 예전에 들은 것들을 모아 앞으로 올 세대를 깨우칠까 하네. 아! 젊은 그대들이여! 이 글을 공경스럽게 받게나. 이 글은 나의 노망든 말이 아니라 오직 성인의 가르침이라네.[45]

---

45 이상은 주희가 쓴 『소학』의 서문이다. 『소학』은 1187년 주희가 여러 유학 경전과 역사서의 내용 중 기초교육에 해당하는 구절을 모아 편찬한 책이다. 퇴계는 『소학』의 서문을 인용하여 「소학도」의 전체적 의의를 제시하고 있다.

퇴계가 인용한 주희의 『대학혹문大學或問』

어떤 사람이 주희에게 물었습니다.

"그대가 사람에게 『대학』의 도道를 말하면서 『소학』의 내용으로 『대학』의 도를 설명하고자 하는 것은 무슨 까닭입니까?"

주희가 대답하였습니다.

"학문에는 사실 크고 작음의 차이가 있습니다만 그 도는 하나일 뿐입니다. 그러므로 어릴 때 『소학』을 익히지 않으면 놓아버린 마음을 거두고 덕성을 길러서 『대학』을 공부하는 기본을 마련할 수 없습니다. 또한 자라서 『대학』의 공부로 나아가지 않으면 옳은 이치를 살피고 실제 일에서 성과를 내서 『소학』의 성공을 거둘 수 없을 것입니다. 이제 어린 학생에게 반드시 먼저 물 뿌려 비질하고, 사람을 응대하고, 나아가고 물러서는 것과 예절, 음악, 활쏘기, 말타기, 글쓰기, 셈하기를 익히는 것에 최선을 다하도록 하고, 성장한 뒤에는 선한 본성을 드러내고 백성을 새롭게 하는 공부로 나아가 궁극의 선善에 도달하도록 해야 합니다. 이것은 그 순서상 당연한 것이니 『소학』을 가지고 『대학』을 설명하는 것은 틀린 것이 아닙니다."

다른 사람이 또 물었습니다.

"만약 나이가 들어서도 『소학』을 공부하지 못한 사람은 어떻게 해야 하는지요?"

주희가 대답하였습니다.

"이미 지나간 세월은 돌이킬 수는 없겠지만, 그 공부의 순서와 조목은 다시 보충할 수 있습니다. 제가 들으니, '경敬'이라는 한 글자는 성인이 되는 학문의 처음과 끝을 이루는 것이라고 합니다. 『소학』을 공부하는 사람이 이 경을 통하지 않고서는 마음을 함양하여 물 뿌려 비질하고 사람을 응대하고 나아가고 물러나는 절차와 육예六藝의 가르침을 실천하지 못할 것입니다. 『대학』을 공부하는 사람이 이 경을 통하지 않고서는 총명함을 발현시키고 본성을 탐구하며 학업을 닦아 선한 본성을 밝히고 백성을 새롭게 하는 공을 이룰 수 없을 것입니다. 불행하게 때를 놓친 뒤에라도 배우는 사람이 성실히 이 경에 힘을 써서 『대학』의 공부를 수행하고 『소학』의 공부를 함께 보충한다면, 학문을 해 나아감에 있어 기초가 부족하여 스스로 성취하지 못할 것이라는 근심은 하지 않게 될 것입니다."

퇴계의 「소학도」 해설

전하, 예전에는 『소학』에 그림이 없었습니다. 그래서 신이 신중히 『소학』의 목차에 따라 그림을 만들어서 「대학도」와 짝이 될 수 있도록 하였습니다. 또 주희가 『대학혹문』에서 『소학』과 『대학』을 함께 논한 말을 인용하여 『소학』 공부와 『대학』 공부의 대강을 말씀드렸습니다. 대개 『소학』과 『대학』은 동전의 양면처럼 서로 의지하고 보완하여 이루어지므로 하나이면서 둘이고 둘이면서 하나입니다. 그 때문에 앞서와 같이 『소학』과 『대학』을 통틀어 말할 수 있고, 『성학십도』에서도 「소학도」와 「대학도」를 나란히 함께 수록하여 서로 보완하여 갖추어지도록 할 수 있었던 것입니다.

제4도「대학도」

역해자 해설

「대학도」는 퇴계가『대학』첫 장의 체계와 의미를 그림으로 그린 것이다.『대학』은 공자가 제자인 증자에게 전한 것이라고 알려져 있다.『대학』은 원래『중용』과 함께『예기』의 한 편으로 수록되어 있었는데 주희가 이 두 편을 분리하여『논어』,『맹자』와 함께 사서四書의 체계를 만들었다.『논어』,『맹자』,『대학』,『중용』의 사서는 성리학에서 가장 기본적이고 중요한 경전이며, 주희 이전까지는 오경五經[46]이 유학의 중심이었다. 주희가 이 사서를 일생에 걸

---

[46]『시경』,『서경』,『역경』(주역),『예기』,『춘추』를 5경이라 한다. 여기에『악경』을 포함하여 6경이라고도 한다.

쳐 심혈을 기울여 새롭게 주석한 것이 『사서집주』이며, 주희 이후 가장 권위 있는 유학 경전으로 읽히고 있다. 특히 『대학』은 주희가 『예기』에서 분리하면서 장과 절을 새롭게 배치하고 보완한 것으로 죽기 사흘 전까지도 『대학』의 주석을 수정하였다는 일화는 유명하다.

『대학』의 첫 장은 우리가 익히 들어본 명명덕, 신민, 지어지선의 3강령과 격물·치지·성의·정심·수신·제가·치국·평천하의 8조목을 중심으로 하고 있다. 명명덕明明德은 밝은 덕을 밝힌다는 것으로 '밝은 덕'은 「태극도」에서도 제시하였듯이 인간의 도덕적 본성을 의미한다. 신민新民은 『예기』 속 「대학」에서는 친민親民으로 되어 있던 것을 주희가 신민으로 고친 것으로, 통치자는 도덕적 본성을 밝혀 백성을 새롭게 해야 함을 의미한다. 지어지선止於至善은 명명덕과 신민을 통해 궁극적으로 지극히 완벽한 선善에 도달해야 한다는 것이다.

8조목은 3강령의 달성을 위한 단계적 실천 과제이다. 격물格物과 치지致知는 사물을 탐구하여 앎을 확충하는 것이고, 성의誠意와 정심正心은 이 앎을 올바르게 실천하기 위하여 의지를 참되게 하고 마음을 바르게 하는 것이다. 수신修身은 본격적 실천의 길로 들어가기 위하여 몸을 닦아 수양을 완수해야 함을 의미한다. 이를 토대로 자신의 집안, 국가, 천하로 도덕적 실천의 범위를 넓혀가야 한다. 결국 「대학도」는 앎을 투철하게 추구하고 마음을 바르게 하며 수양으로 자신을 완성하면 집안과 국가, 그리고 천하를 충분히 그리고 온전하게 다스릴 수 있다는 것을 말하고 있다.

『성학십도』의 체계는 크게 두 가지 관점에 의해 나누어 볼 수 있다. 첫째는 전반부와 후반부 각 5개 그림으로 나누어 전반부를 우주의 원리 및 학문과 실천의 순서를 다룬 것으로 이해하고, 후반부를 마음의 문제와 구체적 실천 방법을 다룬 것으로 이해하는 것이다. 둘째는 「소학도」와 「대학도」를 중심으로 앞의 두 그림을 「소학도」와 「대학도」의 이론적 준거로 보고, 뒤의 여섯 그림을 「소학도」와 「대학도」의 내용을 구체화하고 실천하는 것으로 이해하는 것이다. 『성학십도』를 두 번째 관점인 「소학도」와 「대학도」 중심으로 이해하고자 한다면 반드시 '경敬'을 염두에 두어야 한다. 「소학도」의 내적 함양과 「대학도」의 외적 실천은 모두 경을 토대로 이루어지기 때문이다. 이에 따라 퇴계는 「소학도」에 이어 「대학도」에서도 두 그림의 실천 방법으로 경을 제시하였다.

한 명의 온전한 사람으로 남과 더불어 살아가고자 한다면 『소학』이면 충분하고, 자신의 역량을 세상에 베풀어 만인을 편안하게 하고자 한다면 『대학』이면 충분하다는 어느 유학자의 말처럼 개인의 수양을 위해서는 『소학』이, 공동체의 안녕을 추구한다면 『대학』이 중요하다. 그러나 수양이 없는 경세經世는 불가능하고, 공동체의 안녕을 목적으로 하지 않는 수양은 또한 무의미하다. 따라서 「대학도」와 「소학도」는 서로 안과 밖이 되며 동전의 양면이자 새의 양 날개와 같음을 이해해야 한다.

제4도 대학도

『대학』「경1장」

『대학』의 도道는 인간의 밝은 본성을 밝히는 데에 있고 백성을 새롭게 하는 데에 있고 궁극의 선에 머무르는 데에 있다.

머무를 곳을 안 다음에 방향이 정해지고, 정해진 다음에 마음이 고요할 수 있으며, 마음이 고요한 다음에 편안할 수 있고, 편안한 다음에 생각할 수 있으며, 생각한 다음에 얻을 수 있다. 사물에는 근본과 말단이 있고 일에는 시작과 끝이 있으니, 먼저 할 것과 나중에 할 것을 알면 도에 가까울 것이다.

옛날에 인간의 밝은 본성을 세상에 밝히고자 하였던 사람은 먼저 그 나라를 다스렸고, 그 나라를 다스리고자 하였던 사람은 먼저 그 집안을 가지런히 하였으며, 그 집안을 가지런히 하고자 하였던 사람은 먼저 그 자신을 수양하였다. 그 자신을 수양하고자 하였던 사람은 먼저 그 마음을 바르게 하였고, 그 마음을 바르게 하고자 하였던 사람은 먼저 그 뜻을 진실하게 하였으며, 그 뜻을 진실하게 하고자 하였던 사람은 먼저 그 앎을 궁극에까지 추구하였으니, 앎을 궁극에까지 추구하는 것은 사물의 이치를 끝까지 탐구하는 것에 달려있다.

사물의 이치를 탐구한 다음에 앎이 궁극에까지 추구되고, 앎이 궁극에까지 추구된 다음에 뜻이 진실해지며, 뜻이 진실해진 다음에 마음이 바르게 되고, 마음이 바르게 된 다음에 몸이 닦여진다. 몸이 닦여진 다음에 집안이 가지런해지고, 집안이 가지런한 다음에 나라가 다스려지며, 나라가 다스려진 다음에 천하가 화평해진다. 임금으로부터 백성에 이르기까지 모두 한결같이 수양하는 것을 근본으로 삼아야 한다. 그 근본이 어지러운데 말단을 다스릴 수 있는 사람은 없으며, 후하게 할 것을 박하게 하고서 박하게 할 것을 후하게 할 수 있는 사람은 없다.

퇴계가 인용한 주희의 『대학혹문』

어떤 사람이 주희에게 물었습니다.

"당신은 경敬을 어떻게 실천합니까?"

주희가 대답하였습니다.

"정이는 일찍이 경을 '한 가지에 전일하여 다른 일에 마음이 옮겨가지 않는 것'이라 하였고, '몸가짐을 바르게 하고 마음을 엄숙하게 하는 것'이라 하였습니다. 또한 사량좌[47]의 학설에는 경을 '항상 또렷이 깨어 있도록 하는 방법'이라 하였고, 정이의 제자 윤돈의 학설에는 '그 마음을 거두어들여 하나의 사물도 마음에 남기지 않는다'라고 말한 것이 있습니다. 경敬은 마음을 주관하는 것이고 만사의 근본입니다. 경에 힘쓰는 방법을 알면 『소학』이 경에 의하여 시작되지 않을 수 없음을 알 것입니다. 『소학』이 경에 의하여 시작

---

47 사량좌(謝良佐:1050~1103)는 북송의 유학자이다. 정호와 정이 형제 문하에서 배웠다.

되지 않을 수 없음을 알면 『대학』도 경에 의하지 않고는 끝맺을 수 없다는 것을 하나로 꿰뚫어 분명히 알 수 있을 것입니다. 경을 따르는 마음이 이미 확립되고 이것을 통해 사물을 궁리하고 앎을 다하여 사물의 이치를 궁극에까지 추구하면 이것이 『중용』의 이른바 '덕성을 높이고 학문을 따르는 것'입니다. 그리고 이로 인하여 뜻을 성실히 하고 마음을 바르게 하여 자신을 수양하면 이것이 『맹자』의 '먼저 그 큰 것을 세우면 작은 것이 빼앗지 못한다'는 것입니다. 이에 따라 집안을 가지런히 하고 나라를 다스려 천하에까지 미치면 이것이 이른바 『논어』의 '자신을 수양하여 백성을 편안히 한다.'[48]는 것이고 『중용』의 '돈독하고 공손하여 천하가 화평해진다'는 것입니다. 이것은 모두 하루라도 경을 떠나지 못한다는 말이니 그러므로 경이라는 한 글자가 어찌 성인이 되는 학문의 처음과 끝이 되는 요체가 아니겠습니까?"

퇴계의 「대학도」 해설

전하, 위의 『대학』 경1장은 공자가 남긴 『대학』의 첫 장입니다. 조선 초의 신하 권근[49]이 이 「대학도」를 그렸습니다. 그 다음으로 인

---

48 수기안인修己安人, 곧 수기치인修己治人을 말한다.
49 권근(權近:1352~1409, 호는 양촌陽村)은 조선 초기의 대표적인 성리학자로 이성계의 조선 창업에 중추적 역할을 하였고 학문 연구와 함께 각종 제도 정비에도 힘썼다. 그가 성리학 입문자를

용한 주희의 『대학혹문』은 『대학』과 『소학』의 의미를 통틀어 논한 것이며, 앞의 「소학도」에서도 『대학』과 『소학』의 관계를 통합하여 보아야 한다고 언급한 바 있습니다. 그러나 「대학도」와 「소학도」를 통합하여 보아야 할 뿐만 아니라 「소학도」 앞의 두 그림과 「대학도」 뒤의 여섯 그림도 모두 마땅히 이 「소학도」, 「대학도」와 통합하여 보아야 합니다. 맨 앞의 「태극도」와 「서명도」 두 그림은 선한 본성의 단서를 찾아 확충하고 하늘의 도를 체득하여 실천하는 궁극적 길을 제시한 것으로 『소학』과 『대학』의 표준과 본원이 됩니다. 「대학도」 다음에 이어지는 여섯 그림은 선을 밝히고 자신을 성실히 하며, 덕을 숭상하고 학업을 넓혀나가는 것에 힘을 쓰는 것으로, 『소학』과 『대학』을 실천하는 마당과 그 실천의 성과를 제시하고 있습니다. 그리고 경은 또한 상하를 관통하는 것이니 공부에 착수하고 그 효과를 거둠에 있어 모두 마땅히 경을 따르고 잃지 말아야 할 것입니다. 그러므로 앞서 인용한 주희 『대학혹문』의 내용이 이와 같았고, 지금 이 『성학십도』 또한 모두 경을 위주로 하고 있습니다.

「태극도설」에서는 고요함을 주로 말하면서 경은 말하지 않았으므로 주희의 주석 가운데서 경에 관한 언급을 인용하여 「태극도설」을 보완하였습니다.

위해 1397년 발간한 『입학도설入學圖說』은 세계 최초의 삽화를 활용한 교과서로 40여 종의 그림과 도식을 포함하고 있다. 『성학십도』는 권근의 『입학도설』에서 아이디어를 얻은 것으로 보이며, 『성학십도』의 「대학도」는 『입학도설』에 수록된 「대학지장지도」를 퇴계가 발췌하여 수정한 것이다.

제5도 「백록동규도」

역해자 해설

　「백록동규」는 주희가 중건한 백록동서원의 학칙이며,「백록동규도」는 주희의 「백록동규」를 바탕으로 퇴계가 그린 그림이다. 퇴계는 「백록동규도」를 통하여 「대학도」에서 제시한 학문과 실천의 길을 구체화하였다. 그리고 학문은 오륜五倫으로 대표되는 인간관계의 도덕적 원칙과 질서를 자율적으로 배우고 실천하는 것이다.

　오륜은 우리가 이미 알고 있는 부자유친父子有親, 군신유의君臣有義, 부부유별夫婦有別, 장유유서長幼有序, 붕우유신朋友有信으로 맹자가 처음 제시하였다. 임금과 신하의 관계를 직장에서의 인간관계로 본다면, 군신유의는 직장에서는 의로움으로 관계를 맺어야 한다는 말이 된다. 부자유친은 부모와 자식 사이는 친밀해야 한다는 말이고, 부부유별은 남편과 아내가 차별이 아닌 구별, 즉 서로의 특성과 다름을 인정해야 한다는 말이다. 장유유서는 나이가 많은 사람과 적은 사람 사이에는 일정한 차례가 있어야 한다는 뜻이고, 붕우유신은 친구 사이에는 믿음이 있어야 한다는 말이다. 임금도 이 다섯 가지 인간관계 속에 살고 있으며, 사회가 아무리 복잡해져도 우리가 맺고 있는 인간관계는 사실 이 다섯 가지 경우를 벗어나지 않는다.

퇴계의 그림에 의하면 오륜의 구체적인 공부와 실천은 『중용中庸』의 박학博學-널리 배움, 심문審問-자세히 질문함, 신사愼思-신중히 생각함, 명변明辯-분명히 구별함, 독행篤行-독실히 실천함의 다섯 가지 방법에 의한다. 특히 심문부터 명변까지의 네 가지는 오륜에 내재한 이치를 탐구하는 방법이고, 독행은 사물과 사람을 대하고 자신을 수양하는 방법이다.

「태극도」부터 「대학도」까지 주로 이치나 원칙을 제시하였으므로 퇴계는 「백록동규도」를 통해 앞서 내용을 구체화·현실화하여 선조에게 보여주었다. 즉, 퇴계는 여기서 「태극도」와 「서명도」에서 제시한 인간과 만물의 이치, 「소학도」와 「대학도」에서 제시한 함양과 실천의 내용을 박학, 심문, 신사, 명변의 자세로 탐구할 수 있으며, 독행을 통해 실제로 이루어 낼 수 있음을 보여주었다. 그리고 이 모든 것은 오륜의 자각과 실천일 뿐임을 말하고 있다.

제5도 백록동규도

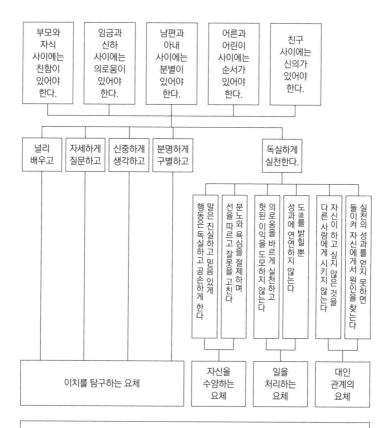

부모와 자식 사이에는 친함이 있어야 한다.

임금과 신하 사이에는 의로움이 있어야 한다.

남편과 아내 사이에는 분별이 있어야 한다.

어른과 어린이 사이에는 순서가 있어야 한다.

친구 사이에는 신의가 있어야 한다.

널리 배우고

자세하게 질문하고

신중하게 생각하고

분명하게 구별하고

독실하게 실천한다.

행동은 진실하고 믿음 있게 공손하게 한다

말은 진실하고 믿음 있고 공손하게 한다

분노와 욕심을 절제하며

선을 따르고 잘못을 고친다

헛된 이익을 도모하지 않는다

의로움을 바르게 실천하고

성과에 연연하지 않는다

도道를 밝힐 뿐

다른 사람에게 시키지 않는다

자신이 하고 싶지 않은 것을

돌이켜 자신에게서 원인을 찾는다

실천의 성과를 얻지 못하면

이치를 탐구하는 요체

자신을 수양하는 요체

일을 처리하는 요체

대인 관계의 요체

이상은 다섯 가지 가르침*의 내용이다. 요임금과 순임금이 설契**을 사도司徒로 삼아 백성들에게 다섯 가지 가르침을 베풀게 하였으니 이 오륜이 바로 그것이다. 학문이란 바로 이것을 배우는 것일 뿐이다. 배우는 순서에 또한 다섯 가지가 있으니 오륜 아래의 다섯 가지이다.

*　원문의 오교五敎는 곧 오륜五倫을 뜻한다.

**　우禹와 함께 황허강의 범람을 다스렸고, 윤리·도덕으로 백성을 교화하라는 순임금의 명을 잘 완수하여 상商 땅에 봉해져 상(은나라)의 시조가 되었다는 전설상의 인물이다.

주희가 「백록동규」의 취지를 설명한 글[50]

내가 가만히 살펴보니 옛 성현들께서 사람을 가르치고 학문을 한 이유는 옳은 이치를 연구하고 밝혀서 자신을 수양한 다음 다른 사람들에게 미치려고 한 것이지, 한갓 많이 읽고 애써 기억하여 문장으로 이름을 날리고 녹봉과 이익을 취하고자 해서가 아니었습니다. 그런데 지금 학문을 하는 사람들은 이미 이와는 반대가 되었습니다.

그러나 성현들께서 사람을 가르치는 내용이 모두 경전에 갖추어져 있으니, 뜻이 있는 선비들은 마땅히 숙독하고 깊이 생각하고 묻고 변별해야 할 것입니다. 이치가 마땅히 그러함을 진실로 깨닫고 반드시 그 이치대로 수양하도록 스스로 노력한다면 어찌 다른 사람이 규범이나 규칙을 만들어 주길 기다린 다음 그것들을 따를 필요가 있겠습니까?

요즈음에도 학교에 규범이 있지만 학자를 대우하는 것이 이미 천박하고, 그 규범도 옛 성현의 뜻에 모두 부합하는 것은 아닙니다. 그러므로 이제 이 백록동서원에서는 그 규범들을 더는 시행하지 않을 것입니다. 그 대신 성현들께서 사람들을 가르치고 학문을 하도록 한 큰 단서만을 모으고 조목별로 나열하여 출입문 위에 새로

---

50 원제는 「동규후서洞規後敍」로 주희가 「백록동규」의 취지를 서원에서 공부하는 사람들에게 설명하기 위하여 지은 글이다.

게시하였습니다. 여러분들이 이 조목들을 함께 연구하여 밝히고 스스로 준수하기 위해 노력한다면, 생각하고 말하고 행동하는 사이에 저절로 삼가고 조심하게 되므로 예전의 규범들보다 더 엄격할 것입니다. 그러나 만약 자신을 스스로 규제하지 못하여 간혹 하지 말아야 할 행동을 하게 된다면 타율적인 규범을 적용할 수밖에 없을 것이고 그러면 기존의 규범을 없앨 수 없게 될 것이니 여러분들은 이 점을 명심해야 할 것입니다.

퇴계의 「백록동규도」 해설

전하, 「백록동규白鹿洞規」는 주희가 지은 것이며 백록동서원의 학생들에게 보여주기 위해 현판에 써서 서원 문 위에 게시한 글입니다. 백록동은 중국 남강군南康軍[51]의 북쪽, 광려산의 남쪽에 위치해 있는데, 당나라 때 이발李渤(773~831)이 여기에 은거하여 흰 사슴을 기르며 유유자적하였으므로 그 이후 백록동이라고 불렸습니다. 남당南唐(937~975) 때에 여기에 서원을 세우고 국상國庠[52]이라고 불렸는데 학생이 항상 수백 명이나 되었습니다. 송나라 태종(재위 976~997)이 서적을 하사하고 서원의 우두머리에게 관직을 내려 학문

---

51 현재 중국의 장시성 싱쯔현 지역이다.
52 나라의 서울에 있는 대학

을 권장하였습니다. 그러다가 중간에 서원이 황폐해졌는데 주희가 남강군을 다스리는 지사知事가 되었을 때 조정에 중건을 요청하였고 학생을 모으고 규약을 만들어 성인이 되는 학문을 앞장서서 밝히니 백록동서원의 교육이 드디어 천하에 성행하게 되었습니다.

신이 이제 삼가 「백록동규」의 본래 조목에 따라 「백록동규도」를 만들어서 보시기에 편하도록 하였습니다. 대개 요임금과 순임금 시대의 가르침은 오품五品 즉 오륜五倫에 있고, 삼대三代[53]의 학문도 모두 인간의 도덕을 밝히는 것입니다. 그러므로 이 「백록동규」에서도 이치를 탐구하고 힘써 실천하기 위한 조목들이 모두 오륜에 기본을 두고 있습니다.

제왕을 위한 학문이 갖추어야 하는 준칙과 금지의 조항들이 비록 일반 학자들이 지켜야 할 그것과 모두 같을 수는 없지만, 사람이면 누구나 가지고 있는 떳떳한 본성을 근본으로 이치를 탐구하고 힘써 실천함으로써 마음을 다스리는 핵심적 방법을 얻어나간다는 점에서는 양자가 다르지 않습니다. 그러므로 이 「백록동규도」를 주희의 「백록동규」와 함께 올려 아침저녁으로 전하를 가까이서 모시는 신하들이 전하께 들려드리는 잠언으로 삼고자 합니다.

---

[53] 유가에서 이상적인 국가로 여기는 고대 왕조인 하夏 나라, 은殷 나라, 주周 나라를 가리킨다. 은(상)나라는 갑골문의 발견으로 실체가 확인되었고 하나라는 실재했을 것으로 추정하고 있다.

『성학십도』 전반부 다섯 그림의 의의

전하, 이상 「태극도」부터 「백록동규도」까지의 다섯 가지 그림은 하늘의 도道를 근본으로 하고 있습니다. 하지만 다섯 그림의 목적은 인간이 나아가야 할 길을 밝히고 덕을 쌓아가는 데에 힘쓰도록 하는 것입니다.

제6도 「심통성정도」

역해자 해설

　「태극도」에서는 우주의 원리와 인간의 본질, 그리고 만물의 생성 원리를 말하였고, 「서명도」에서는 백성과 만물을 동포로 여기고 효로써 인을 함양하여 그 인을 만물에 투영할 것을 말하였다. 「소학도」에서는 본격적인 학문의 길에 들어가기 전에 기본적으로 갖추어야 할 자세를 말하였고, 「대학도」에서는 배움과 실천의 범위를 나를 기초로 외부까지 확장할 것을 말하였으며, 「백록동규도」에서는 이치를 탐구하고 실천하여 인간관계에 그것을 적용해야 함을 말하였다. 앞의 다섯 그림을 통해 퇴계는 이론적인 측면과 실천적인 측면을 아울러 말하였으나 우주의 원리와 인간의 본질, 학문의 기초와 확장 및 학문 방법 등 주로 수양을 위한 이론적인 측면을 제시하였다고 볼 수 있다.

이어서 「심통성정도」부터 마지막 「숙흥야매잠도」까지는 이론의 측면을 제시하면서도 어떻게 구체적으로 수양할 것인가 하는 실천의 측면에서 그림과 설명을 제시한다. 실천은 마음속 감정이나 의지가 행동으로 표출되는 것이다. 따라서 어떻게 실천할 것인가를 말하고자 한다면 실천 곧 행동을 일으키는 마음을 먼저 살피고 바르게 해야 할 것이다. 때문에 퇴계는 실천에 선행하여 올바른 마음을 가질 수 있도록 하는 「심통성정도」, 「인설도」, 「심학도」를 순차적으로 싣고 있다.

특히 「심통성정도」는 『성학십도』 열 개의 그림 중에 가장 복잡하면서도 이해하기 어렵다. 심心, 성性, 정情, 이理와 기氣, 사단四端과 칠정七情 등 성리학의 존재론과 심성론에서 다루는 주요 개념들을 사용하여 마음을 설명하기 때문이다. 도덕적인 삶은 어떠한 마음을 가지느냐 곧 마음먹기에 달린 문제이다. 성性이 있으므로 선한 동기는 이미 우리가 가지고 있지만 그 동기를 선한 쪽으로 이끌고 가려면 마음의 의지가 필요하다. 자신의 마음을 이해하고 마음속 본성을 보존하며 마음이 흔들리지 않도록 해야 하는 것이다. 그래서였을까. 퇴계는 『성학십도』를 올린 뒤 낙향하기 전 마지막으로 선조를 독대하는 자리에서 '성현의 모든 말씀이 순선한 마음을 간직하기 위함'임을 강조하였고, 『성학십도』 또한 마음을 간직하는 방법을 제시한 것이라고 하였다. 이때 선조는 『성학십도』 중 「심통성정도」에 관하여 질문하였는데, 퇴계는 이理와 기氣가 합해진 것이 마음이고 이 마음은 나 자신을 관장하는 것으로 본성을 포함하고 감정을 이끄는 것이라고 '심통성정心統性情'을 설명하였다.

「심통성정도」는 상·중·하의 세 그림으로 나누어져 있다. 상도上圖는 정복심이 그린 것을 퇴계가 수정하여 실었고, 중도와 하도는 퇴계가 그렸다. '심통성정'은 마음이 본성과 감정을 통괄한다는 뜻이다. 그런데 여기서 '통統'은 크게 통괄(포괄)과 통솔(주재)의 두 가지로 해석될 수 있다. 통괄한다고 보면 본성과 감정을 모두 포함하는 것이 마음이라고 심통성정을 해석할 수 있고, 통솔한다고 보면 마음이 본성과 감정을 움직일 수 있다는 말이 된다. 그런데 성리학에서 본성은 곧 이치[理]이고 이理는 기氣를 주재하는데 마음이 본성을 통솔한다고 하면 기가 이를 주재하는 것이 된다. 마음 자체는 기이기 때문이다. 따라서 학계에서는 대체로 마음이 본성을 기준으로 감정을 통제한다는 의미로 받아들이고 있다.

상도上圖는 순수하고 선한 본성의 측면에서 마음을 분석하고 오상五常54, 곧 인·의·예·지·신에서 발현되는 다섯 가지 도덕 감정을 위주로 마음의 본질을 제시하였다. 마음은 본성과 감정을 포괄하는데 고요한 본성이 사물과 감응하여 감정으로 표출됨을 제시하고, 다섯 가지 본성은 다섯 가지 빼어난 기운을 받아 생성된 것이며, 이 다섯 가지 본성에서 다섯 가지 도덕적 감정이 발현됨으로써

---

54 맹자가 말한 인간의 본성인 인·의·예·지 사덕四德에 믿음 곧 '신信'을 추가한 것으로, 화·수·목·금·토의 오행五行에 맞춘 것이기도 하다.

우리 마음에 선한 다섯 가지 본성이 있음을 알 수 있다는 것이다.[55]

중도中圖에서는 '신信'을 제외한 인·의·예·지 네 가지 본성과 그로부터 발현하는 네 가지 도덕적인 마음 즉 사단四端을 주로 설명하면서 일반 감정인 '칠정七情'을 아울러 제시하였다. 칠정은 일반적인 감정으로 선과 악의 두 측면을 동시에 가지고 있으나 적절히 추구되거나 악에 물들지 않으면 선한 감정이 될 수 있다. 따라서 중도에서는 사단과 칠정의 선한 측면을 드러내서 도덕 감정이나 일반 감정 모두 모두 선하게 발현될 수 있음을 강조하고자 하였다.

하도下圖에서는 본연지성과 기질지성이라는 개념을 사용하여 우리 본성이 기질의 영향을 받아서 서로 다른 모습으로 드러나게 됨을 제시하였다. 우리의 본성은 하나지만 기질이 맑거나 탁하거나 순수하거나 뒤섞이는 차이로 '본연의 성'과 '기질의 성'으로 나누어진다는 것이다. 예를 들어 설탕물과 소금물이 있을 때, 순수한 물 자체는 인간 본연의 성이지만 설탕이나 소금이라는 서로 다른 기질이 섞임으로 인해 사람마다 다른 본성을 갖게 된다는 말이다. 따라서 본성이 발현되더라도 기질의 차이로 사단과 칠정이라는 서로 다른 감정이 나타난다. 성인은 기질이 맑으므로 본성의 발현은

---

55 인·의·예·지·신과 같은 본성은 이치이자 원리로 마음에 내재한 것이므로 우리는 그 본성의 존재를 느낄 수 없다. 그러나 이 본성에서 발현된 도덕적인 감정들로 인해 우리 마음에 그러한 본성이 있음을 유추할 수 있다. 예컨대 불쌍한 사람을 보았을 때(마음이 사물과 감응함) 측은한 마음이 생기는데, 이 측은한 마음을 단서로 우리 마음에 '인仁'이라는 본성이 있음을 유추하는 것이다. 때문에 측은지심, 수오지심, 사양지심, 시비지심을 인·의·예·지가 있음을 알게 해주는 '네 가지 단서'라고 하여 '사단四端'이라고 부른다.

사단으로 드러나고 성인이 아닌 사람은 기질이 맑지 않으므로 본성의 발현은 칠정이 될 가능성이 높다. 따라서 퇴계에 의하면 우리는 이理가 기氣를 잘 통제하도록 하여 본성이 발현되어 감정이 될 때 그 감정을 도덕적인 방향으로 이끌어야 한다.

「심통성정도」에서 알 수 있듯이 퇴계는 순수한 감정은 본성에서 발현되고 일반적인 감정은 기질에서 발현된다고 보았다. 즉 도덕 감정과 일반 감정의 발생 경로를 따로 구분한 것이다. 이에 따라 퇴계는 순수한 감정은 순수한 본성 즉 이理가 발현된 것으로 기질은 수동적 역할을 한다고 보았으며, 칠정과 같은 일반적 감정들은 기가 발현된 것으로 이理가 그 감정을 제어해야 한다고 보았다. 이것이 퇴계의 '이기호발설'이다. 이러한 퇴계의 논리에 고봉 기대승이 의문을 제기하여 둘 사이에 8년에 걸친 '사단칠정논쟁'이 이어졌다. 기대승은 본성 즉 이理는 원리이자 이치이니 움직일 수 없으므로 기가 발하여 감정이 생기고 이가 그 감정을 통제하는 한 가지 경로로 우리의 감정이 발생한다고 보았다. 사단과 칠정은 모두 '감정'이고 사단은 모든 감정 중에 선한 감정만을 별도로 지칭할 뿐이라는 것이다. 「심통성정도」에는 퇴계와 기대승의 이와 같은 사단칠정논쟁이 압축적으로 반영되어 있다.

제6도 심통성정도

〈상도上圖〉

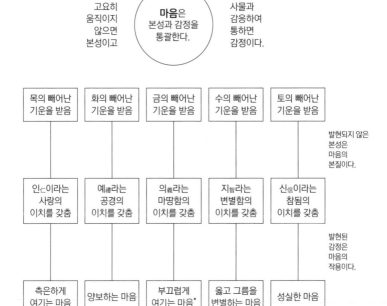

고요히 움직이지 않으면 본성이고

마음은 본성과 감정을 통괄한다.

사물과 감응하여 통하면 감정이다.

목의 빼어난 기운을 받음	화의 빼어난 기운을 받음	금의 빼어난 기운을 받음	수의 빼어난 기운을 받음	토의 빼어난 기운을 받음

발현되지 않은 본성은 마음의 본질이다.

인仁이라는 사랑의 이치를 갖춤	예禮라는 공경의 이치를 갖춤	의義라는 마땅함의 이치를 갖춤	지智라는 변별함의 이치를 갖춤	신信이라는 참됨의 이치를 갖춤

발현된 감정은 마음의 작용이다.

측은하게 여기는 마음	양보하는 마음	부끄럽게 여기는 마음*	옳고 그름을 변별하는 마음	성실한 마음
인의 단서	예의 단서	의의 단서	지의 단서	신의 단서

정이가 "신信에는 단서가 없다."고 하였는데 정복심의 상도에는 '성실한 마음'이라는 신의 단서가 있으니, 저의 생각으로는 이미도 정이의 말을 따르는 것이 옳을 것 같습니다.

---

* 나의 잘못을 부끄럽게 여기고 남의 잘못을 미워하는 마음이다.

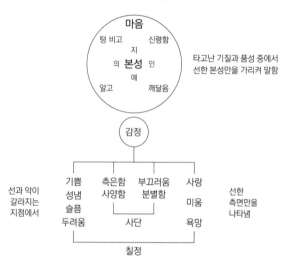

〈중도中圖〉

마음은
이와 기*를 합하고 본성과 감정**을 통괄하며
몸 전체의 주인이 되고 모든 변화를 갖추고 있다.

마음

텅 비고 ⟶ 신령함

지

의 **본성** 인

예

알고 ⟶ 깨달음

타고난 기질과 품성 중에서
선한 본성만을 가리켜 말함

감정

기쁨	측은함	부끄러움	사랑
성냄	사양함	분별함	
슬픔			미움
두려움	사단		욕망

선과 악이
갈라지는
지점에서

선한
측면만을
나타냄

칠정

* 이理는 사물의 이치나 원리를 기氣는 사물을 이루는 형질이나 움직임을 뜻한다. 이는 모든 만물에 내재하는 보편적인 원리이며 천리天理, 태극太極과 같은 의미이다. 반대로 사물은 저마다 다른 기를 가지고 저마다 다른 작용을 일으키므로 기는 개별적이고 특수하다. 이理를 중심으로 보면 모든 존재는 동일하다고 할 수 있으나 기를 중심으로 보면 모든 존재는 다르고 차등적이며 사람의 성별·성격·신체가 다른 것도 기(기질)가 다르기 때문이다. 모든 사물은 이러한 이와 기의 결합에 의해 존재하므로 이와 기는 떨어질 수 없으나, 이와 기는 또한 같은 것이 아니므로 분리하여 볼 수 있다. 그러나 분리하여 본다는 것은 인간이 관념상에서 분리한 것일 뿐 현상세계에서 이와 기는 절대로 분리될 수 없다. 퇴계가 이와 기를 분리하고 이理로부터 발현하는 사단을 강조한 것은 인간이 주체적 의지로 도덕적인 행동을 할 수 있음을 강조하기 위해서였다. 율곡 이이는 이와 기가 다르지만 퇴계와 달리 이와 기가 떨어질 수 없다는 측면을 강조하였다. 이와 기가 떨어질 수 없다는 점을 강조하면 활동성이 있는 기에 의해 이가 영향을 받을 수밖에 없으므로 도덕적인 행동을 하기 위해서는 기, 즉 기질의 변화가 중요해진다.

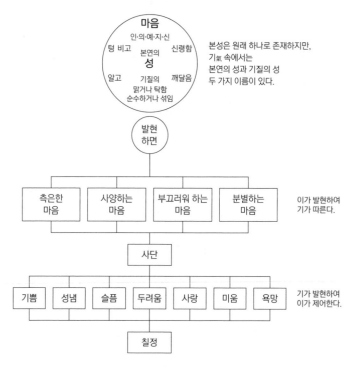

〈하도下圖〉

마음은
이와 기를 합하고 본성과 감정을 통괄하며
몸 전체의 주인이 되고 모든 변화를 갖추고 있다.

마음
인·의·예·지·신
텅 비고　신령함
본연의
성
알고　깨달음
기질의
맑거나 탁함
순수하거나 섞임

본성은 원래 하나로 존재하지만,
기氣 속에서는
본연의 성과 기질의 성
두 가지 이름이 있다.

발현
하면

| 측은한 마음 | 사양하는 마음 | 부끄러워 하는 마음 | 분별하는 마음 |

이가 발현하여
기가 따른다.

사단

| 기쁨 | 성냄 | 슬픔 | 두려움 | 사랑 | 미움 | 욕망 |

기가 발현하여
이가 제어한다.

칠정

** 본성은 성性으로 천지의 근원적 이치 곧 이理가 인간에 내재한 것이다. 따라서 인간의 본성은 천지의 근원적 이치와 같다. 이것이 '성性은 곧 이理이다'라는 성리학의 근본 명제이다. 성리학이라고 하면 우리는 매우 거창하고 사변적이며 어려운 학문이라고 생각한다. 하지만 그 기본 전제는 인간의 본성이 우주 자연의 이치와 같다는 것이다. 이러한 본성이 기의 작용에 따라 마음속에서 드러나는 것이 감정 곧 정情이다. 유학자들은 이 정을 도덕 감정과 일반 감정으로 구분하였으니, 사단四端과 칠정七情이 그것이다. 퇴계는 사단은 본성에서 칠정은 기에서 발현한다고 보았으나 고봉 기대승과 율곡 이이는 사단과 칠정 모두 기가 발현된 것으로 보았다.

퇴계가 인용한 정복심의 「심통성정도설」

정복심은 다음과 같이 말하였습니다.[56]

"이른바 '마음이 본성과 감정을 통괄한다'는 것은, 사람은 오행五行의 빼어난 기운을 받아서 태어나는데 그 빼어난 기운에서 인·의·예·지·신·의 다섯 가지 선한 본성이 갖추어지고, 이 다섯 가지 본성이 움직여 기쁨·성냄·슬픔·두려움·사랑·미움·욕심의 일곱 가지 일반적인 감정이 나옴을 말한 것입니다. 본성과 감정을 통괄하는 것은 마음입니다. 그러므로 그 마음이 고요하여 움직이지 않으면 본성이 되니 이것이 마음의 핵심이고, 외부 사물과 교감하여 통하면 감정이 되니 이것이 마음의 작용입니다. 북송의 유학자 장재張載는 '마음이 본성과 감정을 통괄한다'고 하였으니, 이 말이 맞습니다. 마음이 본성을 통괄하기 때문에 인·의·예·지가 본성이 되고 또 '인의의 마음'이라는 말도 있게 되었으며, 마음이 감정을 통괄하기 때문에 측은함, 부끄러움, 사양함, 분별함이 감정이 되고 '측은한 마음', '옳지 않음을 부끄러워하는 마음', '양보하는 마음', '옳고 그름을 가리는 마음'이라는 말들도 있게 되었습니다. 마음이 본성을 통괄하지 못하면 마음이 아직 움직이지 않을 때 안정을 유지하

---

56 「심통성정도」는 상·중·하 세 개의 그림으로 이루어져 있다. 위의 그림은 원나라 말의 학자 정복심程復心(1279~1368)이 그린 것이고, 가운데와 아래의 두 그림은 퇴계가 그린 것이다. 「심통성정도설」은 정복심이 「심통성정도」를 그리고 거기에 붙인 해설인데 퇴계가 이를 인용하여 자신의 해설을 대신하였다.

기 어려워 본성이 쉽게 흐트러지고, 마음이 감정을 통괄하지 못하면 마음이 움직였을 때 절도에 맞거나 조화롭게 될 수 없어서 감정이 쉽게 방탕해집니다. 배우는 사람들은 이것을 알아서 반드시 먼저 그 마음을 바르게 하여 본성을 기르고 그 감정을 단속한다면, 학문을 하는 방법을 터득하게 될 것입니다."

퇴계의 「심통성정도설」 보충 설명

전하, 정이의 「호학론好學論」에는 '그 감정을 단속한다'라는 말이 '마음을 바르게 하여 본성을 기른다'라는 말의 앞에 있는데, 위의 정복심의 말에서는 '마음을 바르게 하여 본성을 기른다'라는 말이 뒤에 있습니다. 그것은 「심통성정도」에서는 마음이 본성과 감정을 통괄함을 말하면서 본성을 먼저 제시하고 있기 때문입니다. 그러나 신이 생각하옵건대 이치를 따져서 말한다면 마땅히 정이의 주장이 논리에 맞습니다.[57] 정복심의 설명에 온당하지 못한 곳이 있었기에 조금 고쳤습니다.

---

[57] 정이의 「호학론」에는 "감정이 이미 치열하여 점점 방탕해지면 그 본성이 바닥나게 된다. 따라서 깨달은 사람은 그 감정의 절제를 통해 이상적인 마음의 상태를 유지하여 마음을 바르게 하고 선한 본성을 기른다."라고 되어 있다.

퇴계의 「심통성정도」 해설

　전하, 「심통성정도」의 상·중·하 세 그림 중에 맨 위에 있는 그림은 정복심이 그리고 직접 해설도 하였습니다. 가운데와 아래 두 그림은 신이 성현들께서 하신 말씀과 남기신 가르침을 미루어 생각하여 그렸습니다. 가운데 그림은 타고난 기질 속에서 그 기질에 섞이지 않은 본연의 성性을 가리켜 말한 것입니다. 자사子思[58]가 『중용』에서 말한 '하늘이 명한 것이 본성이다'라는 말과 맹자가 말한 '착한 본성으로서의 성性'이라는 말과 정이가 말한 '본성이 곧 이치'라는 말, 그리고 장재가 말한 '하늘과 땅의 본성'이라는 말에서 지칭하는 '본성'이 바로 기질에 섞이지 않은 본연의 성입니다. 본성에 대하여 이와 같이 말하였기 때문에 그 본성이 발현하여 감정이 된 것도 모두 그 본성의 선한 면을 가리켜 말하였으니, 자사가 말한 '적절하고 조화롭게 발현된 감정'과, 맹자가 말한 '측은히 여기는 마음, 잘못을 부끄러워하는 마음, 사양하는 마음, 시비를 가리는 마음'과 정이가 말한 '욕심에 가려질 때도 있으나 감정을 어찌 선하지 않다고 할 수 있겠는가'라는 말에서 지칭하는 감정과, 주희의 이른바 '감정은 본성으로부터 나온 것이므로 원래 선하지 않은 것이 없다'라는 말에서 지칭하는 감정들이 이것입니다.

---

58 중국 전국시대 노나라의 유학자로 공자의 손자이며 『중용』을 지은 것으로 알려져 있다.

상·중·하의 세 그림 중 아래 그림은 이理와 기氣[59]를 포괄해서 말한 것입니다. 공자가 말한 '본성은 서로 유사하다'에서의 본성과, 정이가 말한 '본성이 곧 기이고, 기가 곧 본성'에서의 본성과, 장재가 말한 '기질의 본성', 주희가 말한 '기 가운데 있지만 기는 기이고 본성은 본성이어서 서로 섞이지 않는다'에서의 본성이 곧 이와 기를 합하여 말한 본성입니다.

그 본성을 말한 것이 이와 같기 때문에 그 본성이 발현하여 감정이 되는 것도 이와 기가 서로 의지하거나 서로 방해한다는 점을 가지고 말하였습니다. 예컨대 측은함·부끄러움·사양함·분별함과 같은 감정 곧 사단四端은 선한 본성이 발현된 후에 몸이 따라가는 것이니 자연히 선하고 악이 없지만, 선한 본성이 발현되었으나 미처 좋은 감정으로 이어지지 못하고 몸의 욕구에 가려지면 선하지 않은 상태로 흘러갑니다. 또 기쁨·성냄·슬픔·두려움·사랑·미움·욕심의 일곱 가지의 일반적인 감정은 기가 발현한 후에 이理가 기를 통제하게 되면 또한 선하지 않음이 없지만, 기가 발현한 후 적절히 절제되지 못하여 그 이理를 가리게 되면 방탕하게 되어 악이 되는 것입니다.

이렇기 때문에 정이는 "본성만 논하고 기를 논하지 아니하면 논리적으로 부족하고, 기만 논하고 본성을 논하지 아니하면 분명

---

59 성리학에서 우주 만물은 이와 기로 이루어진다고 보았다. 이는 만물에 내재한 일정한 법칙이나 이치를 말하고, 기는 파악할 수 있고 인식할 수 있는 어떤 에너지나 작용 또는 우리 감각으로 알 수 있는 모든 물질적인 것들을 포괄하는 개념이다.

하지 않으니, 이 둘을 따로 분리하여 보면 옳지 않다."라고 말하였습니다. 그렇다면 앞서 맹자와 자사가 본성만을 가리켜 말한 것은 논리적으로 부족한 것이 아니라 본성과 기를 함께 말하면 본성이 본래 선함을 드러낼 수가 없어서였을 뿐이니, 이것이 가운데 그림이 나타내는 의미입니다. 요점은, 이와 기를 겸하고 본성과 감정을 통괄하는 것이 마음인데, 본성이 발현하여 감정이 되는 그 순간이 바로 마음이 변화하는 미묘한 계기이며, 모든 변화가 시작되는 지점이니, 선과 악이 여기에서 갈라지는 것입니다.

배우는 사람은 진실로 한결같이 경敬의 자세를 유지하는 데에 전념하여 이치와 욕심을 분명하게 분별할 수 있어야 하고, 더욱더 경으로 자신을 절제할 수 있어야 합니다. 그리하여 마음속에서 본성이 아직 발현하지 않은 상태에서는 마음을 보존하고 함양하는 공부를 깊게 하고, 본성이 이미 발현한 상태에서는 성찰하는 습관을 익숙하게 해야 합니다. 참된 노력을 쌓아가고 오랜 시간 그 노력을 그치지 아니하면, 『서경』의 이른바 '정밀하게 살피고 한결같이 하여 중용을 얻는' 성인의 학문과 '본체를 보존하여 만물의 작용에 적확히 대응할 수 있는' 마음의 통제 방법을 다른 데에서 구하지 않아도 모두 여기에서 얻게 될 것입니다.

제7도 「인설도」

역해자 해설

「인설도」는 주희가 그리고 퇴계가 인용한 그림으로, 인간 본성의 핵심인 인仁의 의미를 설명하고 어떻게 실천할 것인지 밝히고 있다. 「태극도」에서는 인간과 만물의 생성 원리를 천명하였고 이어 「서명도」에서는 만물을 포용하는 원리로 인을 제시하였으며, 「심통성정도」를 통해 인간 본성의 발현 원리를 나타내었는데, 여기 「인설도」에서는 인간 본성의 핵심인 인仁의 의미를 설명함으로써 인을 통해 우리 자신을 완성하고 만물로 나아가야 함을 드러내었다. 이로써 인간은 결국 인仁을 자각하고 실천해야 하는 존재임을 천명한 것이다.

인은 천지가 만물을 낳는 마음이다. 생명을 낳고 기르는 천지의 마음이 인간에게 와서 인이 된 것이다. 생명을 낳고 기르는 그 마음은 모든 존재를 불쌍히 여기는 마음이요, 포용적이며 따뜻한 근원적 사랑으로 인간의 본성이자 인간이 궁극적으로 가야 할 길이다. 인仁을 실현했을 때 인간은 존재의 목적을 달성할 수 있고 하늘과 하나가 될 수 있다. 때문에 인은 의와 예와 지를 포괄하는 덕이며 의, 예, 지는 인의 완성을 위한 보조적 덕목이 된다.

『주역』에서는 천지의 본성을 원元·형亨·이利·정貞으로 정의하였다. 천지자연의 원리인 원·형·이·정은 사람에게 인·의·예·지의 본성으로 부여된다. 특히 원·형·이·정의 핵심인 원元은 조화롭게 모든 만물을 생성하는 이치로 형·이·정을 포괄하는데 인간에게는 이 원이 인仁의 본성으로 내재한다. 때문에 「인설도」에서는 인에 대하여 "천지가 만물을 낳는 마음이고, 사람이 천지의 그 마음을 얻어서 자신의 마음으로 삼은 것이다."라고 하였다. 인간과 만물을 통틀어 가장 소중한 것이 있다면 그것은 다름 아닌 '생명'일 것이다. 그 '생명'을 낳고 기르는 마음이 인간에게 있어서 바로 인이다. 때문에 인은 곧 인류의 보편적 사랑이다.

사랑의 본성은 우리 마음의 본질이며 다른 본성을 포괄하는 것임을 「인설도」에서 제시하고 있다. 그리고 그 인을 함양하고 확충하는 방안으로 '극기복례克己復禮'를 강조한다. 우리 모두는 마음속에 본성으로 인을 가지고 있지만 복잡다단한 현실 속 인간은 개인의 욕구와 사회의 요구로 그 인을 인식하거나 실천하기 어렵다. '극기복례'는 자신의 이기적 욕구를 극복하고 남을 위하는 '예禮'로

써 인의 실현이 가능하다는 말로, 공자가 제시한 유학의 실천 원리이다. 이 극기복례에 입각하여 인을 함양하고 실천하는 가장 가깝고도 쉬운 방법이 바로 부모·형제를 위하는 일임을 「인설도」의 마지막에서 제시하고 있다.

퇴계가 처음 올린 『성학십도』에는 제7도 「인설도仁說圖」가 제8도 「심학도心學圖」 뒤에 있었다. 1570년 퇴계는 율곡 이이와 「인설도」 그리고 「심학도」에 대하여 깊이 토론하였다. 이 과정에서 율곡은 조심스럽게 「인설도」를 「심학도」 앞에 두어야 할 것 같다고 말하였다. 이에 퇴계는 율곡의 견해가 뛰어나다고 인정하고 자신도 두 그림의 순서를 고민하였는데 율곡의 생각이 그러하니 그 견해를 따르겠다고 하였다. 여기서도 사단칠정논쟁에서 기대승의 주장을 수용하는 포용적 태도를 보였던 퇴계의 학문적 자세와 성품을 볼 수 있다. 게다가 1570년은 퇴계에게는 생의 마지막 해였다. 퇴계는 자신의 삶이 얼마 남지 않았음을 직감하면서도 학문의 탐구와 토론을 게을리 하지 않은 참된 유학자였다.

제7도 인설도

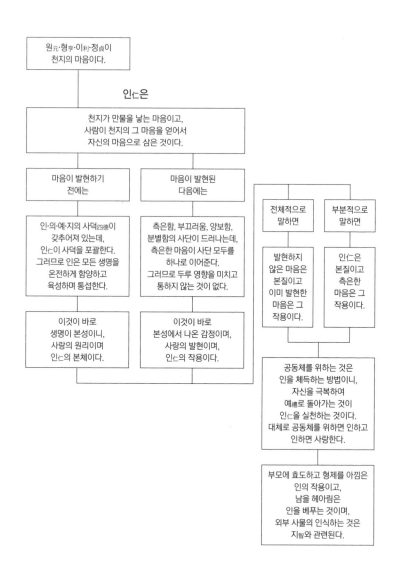

원元·형亨·이利·정貞이
천지의 마음이다.

인仁은

천지가 만물을 낳는 마음이고,
사람이 천지의 그 마음을 얻어서
자신의 마음으로 삼은 것이다.

마음이 발현하기
전에는

마음이 발현된
다음에는

전체적으로
말하면

부분적으로
말하면

인·의·예·지의 사덕四德이
갖추어져 있는데,
인仁이 사덕을 포괄한다.
그러므로 인은 모든 생명을
온전하게 함양하고
육성하며 통섭한다.

측은함, 부끄러움, 양보함,
분별함의 사단이 드러나는데,
측은한 마음이 사단 모두를
하나로 이어준다.
그러므로 두루 영향을 미치고
통하지 않는 것이 없다.

발현하지
않은 마음은
본질이고
이미 발현한
마음은 그
작용이다.

인仁은
본질이고
측은한
마음은 그
작용이다.

이것이 바로
생명이 본성이니,
사랑의 원리이며
인仁의 본체이다.

이것이 바로
본성에서 나온 감정이며,
사랑의 발현이며,
인仁의 작용이다.

공동체를 위하는 것은
인을 체득하는 방법이니,
자신을 극복하여
예禮로 돌아가는 것이
인仁을 실천하는 것이다.
대체로 공동체를 위하면 인하고
인하면 사랑한다.

부모에 효도하고 형제를 아낌은
인의 작용이고,
남을 헤아림은
인을 베푸는 것이며,
외부 사물의 인식하는 것은
지智와 관련된다.

퇴계가 인용한 주희의 「인설도」 해설

주희가 말하였습니다.

"인仁은 천지가 만물을 낳는 마음이요, 사람이 이것을 얻어서 마음으로 삼은 것이다. 아직 발현하기 전에 인·의·예·지의 사덕四德이 구비되어 있는데, 오직 인만이 이 네 가지를 포함하고 있다. 그리하여 함양하여 기르고 다른 것들과 온전히 관계하여 거느리지 않음이 없으니, 이른바 생명의 본성이요, 사랑의 이치로, 이것이 인의 본체이다. 이미 발현한 즈음에 사단四端이 나타나는데, 오직 측은惻隱만이 사단을 통섭하고 있다. 그리하여 두루 흘러 관철하여 통하지 않음이 없으니, 이른바 본성에서 발현한 감정이요 사랑의 발현으로 이것이 인의 작용이다. 전적으로 말하면 아직 발현하지 않음은 본체이고 이미 발현함은 작용이며, 부분적으로 말하면 인仁은 본체이고 측은惻隱은 작용이다. 공동체를 위함은 인仁을 체득한 것이니, '사욕을 극복하여 예禮로 돌아감이 인仁이 된다'는 말과 같다. 대개 공동체를 위함은 인仁이요 인仁은 사랑이니, 효도하고 공경하는 것은 그 작용이고 남을 이해하고 헤아림은 그 인仁을 베푸는 것이며 지각知覺은 이것을 아는 일이다."

주희는 그의 「인설仁說」에서 또한 말하였습니다.

"천지의 마음에는 그 덕이 네 가지가 있는데 원元·형亨·이利·정貞이라 하며, 원은 형·이·정을 아우릅니다. 원·형·이·정이 각각 작용하여 차례로 봄·여름·가을·겨울이 되는데, 봄의 생동하는 기운은 통하지 않는 곳이 없습니다. 그러므로 사람의 마음에도 그 덕이 또한 네 가지가 있으니, 바로 인仁·의義·예禮·지智이며, 인이 모두를 포괄합니다. 그 인·의·예·지가 발현하여 작용하면 측은함·부끄러움·사양함·분별함의 감정이 되는데, 측은함이 이 감정들을 모두 아우릅니다. 인의 핵심은 바로 천지가 만물을 낳는 마음이니, 만물 각각에 이 마음이 갖추어져 있습니다. 그러므로 감정이 생겨서 드러나기 전에 이미 이 마음의 본질이 갖추어져 있고, 감정이 발현되면 현실에서 무궁무진하게 다양한 모습으로 구체화됩니다.

이와 같은 원리를 본받아 잃지 않을 수만 있다면 모든 선善의 원천과 모든 행위의 근본이 모두 이 인에 있지 않음이 없을 것입니다. 이것이 유학에서 배우는 사람들에게 반드시 이 인을 구하는 것을 급선무로 여기라고 가르치는 이유입니다. 공자는 '자신의 사사로운 욕심을 절제하여 예禮로 돌아가는 것이 인을 실천하는 것이다'라고 하였습니다. 이것은 자신의 사사로운 욕심을 없애고 하늘이 제시하는 진리로 마음을 돌이킬 수 있다면 그 마음의 핵심을 보존할 수 있으며, 그 마음의 움직임이 현실에서 적절히 구체화될 수 있음을 말한 것입니다. 공자께서 '평소에 거처할 때는 공손한 자세를 유지하고, 일을 맡아서 할 때는 공경스러운 마음으로 하며, 남과 관계를 맺을 때는 진실해야 한다'라고 하신 말씀도 이 마음을 보존하라는 뜻입니다. 그리고 '효도로써 부모님을 섬기고, 공경으로 손윗사람을 섬기며, 이해하고 헤아리는 마음으로 다른 사람과 관계를 맺는다'는 공자의 말씀도 이 마음을 현실에서 구체적으로 실천하라는 뜻입니다. '이 마음'은 어떤 마음입니까? 바로 천지에 있어서는 만물을 낳는 한없이 넓은 마음이요, 사람에 있어서는 사람을 사랑하고 만물을 아껴주는 따뜻한 마음으로, 인·의·예·지를 포함하고 측은함·부끄러움·사양함·분별함의 감정을 아우르는 것입니다."

어떤 사람이 주희에게 물었습니다.

"만약 선생님의 말씀대로라면, 정이 선생의 '사랑은 감정이고 인은 본성이므로 사랑이라는 말로 인을 개념화할 수는 없다'는 말씀은 잘못된 것입니까?"

주희가 대답하였습니다.

"그렇지 않습니다. 정이 선생의 말씀은 '사랑이라는 감정이 발현되는 것을 인이라고 할 수 있는가?'에 대한 문제이고, 제가 말한 것은 '사랑의 본질을 인이라고 한다'는 것입니다. 대체로 감정과 본성은 비록 그 개념과 영역은 다르지만, 맥락이 통하여 서로 연결되는 점이 있으니, 어찌 서로 확연히 구분되고 떨어져 관계를 맺지 않을 수 있겠습니까? 저는 배우는 사람들이 정이 선생의 말씀만 외우고 그 의미를 탐구하지 않아서 결국에는 사랑이라는 감정을 완전히 떠나서 인을 말하게 되는 것을 염려한 것입니다. 그래서 특별히 이점을 논하여 정이 선생이 남긴 말의 뜻을 분명히 밝혀두는 것입니다. 그러므로 그대가 정이 선생의 말과 저의 말이 다르다고 한 것은 잘못된 견해입니다."

어떤 사람이 주희에게 물었습니다.

"정이 선생의 제자 중에 만물이 자신과 하나가 되는 것이 인의 본질이라고 여긴 사람도 있고, 마음이 가진 인식능력을 인의 속성이라고 여기는 사람도 있는데 모두 잘못된 것입니까?"

주희가 대답하였습니다.

"만물과 내가 일체가 된다고 말한 것은 인仁이 사랑하지 않음이 없다는 것을 알게 해줄 수는 있지만, 인이 마음의 본질이라는 것에 대한 참된 설명은 아닙니다. 마음에 인식능력이 있다고 말한 것은 인이 지智를 포괄한 것을 알게 해줄 수는 있지만 인의 속성에 대한 실질적 설명은 아닙니다. '널리 베풀고 백성을 구제할 수 있으면 어진 사람이라고 할 수 있겠습니까?'라는 제자 자공子貢[60]의 질문에 대한 공자의 대답과, 마음이 가진 인식능력으로 인의 의미를 풀이할 수 없다는 정이 선생의 말을 보면 알 수 있습니다. 그대는 어찌 만물과 자신이 일체가 된다는 것과 마음에 인식능력이 있다는 것만을 가지고 인을 정의하시는지요."

---

60 성은 단목端木 이름은 사賜이고 자字는 자공이다. 공자의 제자로 정치적·경제적 수완이 뛰어났다.

퇴계의 「인설도」 부연 설명

전하, 이상은 「인설仁說」을 정리한 것인데 주희가 짓고 그림도 만들어서 인의 의미를 남김없이 잘 드러내었습니다. 『대학』에 이르기를 "임금이 되어서는 인에 머무른다." 하였으니, 이제 옛 제왕들이 마음을 전하고 인을 체득한 오묘한 방법을 얻고자 하신다면, 어찌 이상의 내용에 뜻을 다하지 않으실 수 있겠습니까?

제8도 「심학도」

역해자 해설

　「심학도心學圖」는 원나라 학자 정복심이 쓰고 그린 것을 퇴계가 『성학십도』에 인용한 것이다. 「심학도」에 제시된 마음의 다양한 모습들과 마음을 다스리는 방법들은 여러 경전에 실린 성현의 말씀을 따온 것으로 정복심이 지은 말은 아니다. 「심학도」는 위아래의 두 부분으로 크게 나누어진다. 위는 심心을 중심으로 마음의 여러 모습을 제시하였는데 주로 도덕적인 마음들을 열거하였다. 그리고 아래는 경敬을 중심으로 도덕적인 마음을 함양하고 실천하는 방법을 제시하고 있다.

　좀 더 자세히 설명하면, 그림 윗부분은 그 중심에 심心을 두고 허령虛靈, 지각知覺, 신명神明과 일신주재一身主宰로 심의 특징을 설명하였다. 마음이 허령하다는 것은 비어 있지만 신묘한 능력을 갖추었다는 것이고, 지각은 마음이 가진 인식능력을 말하며, 신명은 신묘하면서도 밝은 마음의 본체를 말한다. '일신주재'는 마음이 한 몸을 주재한다는 뜻인데 우리의 모든 감정과 행동은 마음에서 비롯됨을 말한 것이다. 그리고 가운데 심을 중심으로 마음의 모습을 여섯 가지로 배치하고 있는데, 맨 위의 양심과 본심은 타고난 선한 마음을 의미한다. 좌측의 '적자심赤子心'은 갓난아이의 마음이라는 뜻으로 꾸밈없이 순수한 마음을 가리킨다. 우측의 '대인심大人心'은 대인의 마음이라는 뜻으로 대인의 마음은 갓난아이의 마음처럼 순수하다는 『맹자』의 말을 참고한 것이다. 아래의 인심人心은 인간이 형기形氣 곧 육체를 갖기 때문에 필연적으로 발생하는 마음으로, 기본적인 욕구의 충족과 같이 삶을 유지하기 위해 발생하는 마음을 뜻한다. 도심道心은 도덕적인 마음으로 인간에게는 욕구를 충족하려는 마음과 함께 남을 위하는 등 도덕적인 행동을 하고자 하는 마음이 있음을 나타낸다. 퇴계는 도심과 사단, 인심과 칠정을 한 부류로 묶어 보았으나, 율곡은 인심과 도심[61], 사단과 칠정은 다른 개념이라고 규정하고, 배가 고파 밥을 먹으려는 마음, 곧 인심이 옆 친구

---

61 인심과 도심은 『서경』에 나오는 말이다. 순임금이 우임금에게 왕위를 물려주며 전한 심법心法으로 유명하다. 순임금은 우임금에게 "인심은 위태롭고 도심은 은미하니 오직 마음을 정밀하게 살피고 한결같이 지켜서 그 중中을 잡으라."고 강조하였다. 이 말은 사람의 일반적인 감정 곧 인심은 나쁜 것은 아니지만 나쁜 쪽으로 흐르기 쉽고, 도덕적인 감정은 드러내기가 어려우니 마음을 정밀하게 살피고 지켜서 어디에도 치우치지 않도록 하는 것이 제왕에게 가장 중요한 자세라는 말이다.

가 밥을 먹었는지 물어보는 도심으로 바뀔 수 있듯이 인심과 도심은 서로 전환될 수 있다고 보았다.

「심학도」의 아랫부분은 경敬을 중심으로 좌우로 나누어진다. 우선 경을 '일심주재─心主宰'라고 정의하였는데, 윗부분에서 마음이 몸을 주재함을 제시하였다면 아랫부분에서는 경이 마음을 주재하는 것을 제시함으로써 우리의 몸과 마음 그리고 도덕적 삶은 결국 경에 달린 것임을 강조하였다. 그리고 경의 자세를 유지하는 방법들을 좌우로 배치하면서 맨 위에 '유정유일惟精惟─'과 '택선고집擇善固執'을 두어 경의 기본적인 자세를 제시하였다. '유정유일'은 마음을 정밀하게 살피고 한결같이 보존하는 것이고, '택선고집'은 선을 택하여 굳게 지킴을 말한다. 이 유정유일과 택선고집은 심과 경을 연결해 주는 수양의 자세이기도 하다. 경을 중심으로 오른쪽과 왼쪽에 배치된 마음을 보존하고 기르는 방법들은 주로 공자와 맹자가 제시한 마음공부의 방법을 나열한 것이다. 이와 같이 경을 중심으로 마음을 보존하고 함양하는 방법은 다음의 「경재잠도」에서 더욱 구체화된다.

제8도 심학도

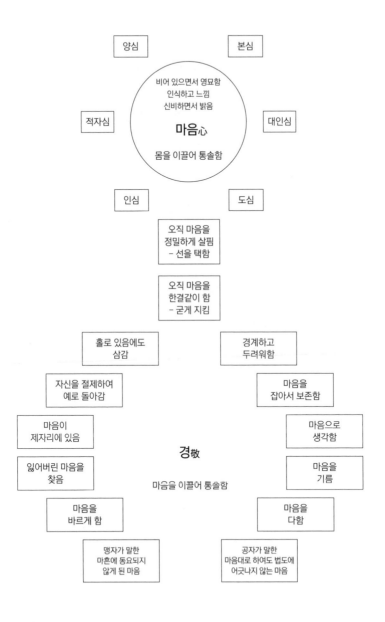

양심

본심

비어 있으면서 영묘함
인식하고 느낌
신비하면서 밝음

마음心

몸을 이끌어 통솔함

적자심

대인심

인심

도심

오직 마음을
정밀하게 살핌
– 선을 택함

오직 마음을
한결같이 함
– 굳게 지킴

홀로 있음에도
삼감

경계하고
두려워함

자신을 절제하여
예로 돌아감

마음을
잡아서 보존함

마음이
제자리에 있음

마음으로
생각함

잃어버린 마음을
찾음

경敬

마음을 기름

마음을 이끌어 통솔함

마음을
바르게 함

마음을
다함

맹자가 말한
마흔에 동요되지
않게 된 마음

공자가 말한
마음대로 하여도 법도에
어긋나지 않는 마음

퇴계가 인용한 정복심의 「심학도」 해설

원나라의 유학자 정복심이 말하였습니다.

"적자심赤子心, 곧 갓난아이의 마음은 욕구가 마음을 어지럽히기 이전의 순수한 마음을 말하는 것이고, 인심人心은 욕구를 인식한 상태의 마음을 말합니다. 대인의 마음은 사적인 욕심에 물들지 않은 본연의 마음이고, 도심道心은 바른 이치를 인식한 마음입니다. 그러나 이것은 두 가지 양상의 마음이 있다는 것이 아닙니다. 육체의 요구로부터 발생하는 마음은 인심과 관련되지 않을 수 없고, 순수한 본성과 천명에 따라 발생하는 마음은 도심이 되는 것입니다. 「심학도」에서 '오직 마음을 정밀하게 살피고 한결같이 한다'와 '선을 택하여 굳게 지킨다' 이하의 내용은 모두 자신의 욕심을 막고 하늘로부터 받은 인간의 본성을 보존하기 위한 공부와 관련된 것입니다. '홀로 있을 때도 삼간다'⁶²는 말 이하의 내용은 자신의 욕심을 막기 위한 공부를 나타내니, 반드시 '마음이 굳건하여 움직이지 않는 경지'에 다다라야 많은 돈과 높은 지위가 마음을 어지럽힐 수 없고, 가난하고 지위가 낮더라도 마음이 휩쓸리지 않으며, 외부의 위압과 강제가 마음을 굴복시킬 수 없어서 도가 밝아지고 덕이 확고

---

62 『중용』의 '신독愼獨'을 풀이한 것이다. 신독은 '신기독愼其獨'의 줄임말인데 "숨어 있는 것보다 더 잘 드러나는 것은 없고, 미세한 것보다 더 잘 드러나는 것은 없다. 그러므로 군자는 그 홀로 있음을 삼간다."에서 나온 말이다. '독獨'을 주희는 '자신만 아는 자기 마음속의 미세한 움직임'으로 설명하였으나 여기서는 단순하게 '홀로 있음'으로 풀었다.

해지는 것을 볼 수 있을 것입니다. '마음이 흐트러지지 않도록 경계하고 두려워한다'는 말 이하는 하늘로부터 받은 인간의 본성을 보존하기 위한 공부이니, 공자가 말한 '내 마음이 하고자 하는 대로 하여도 법도에 어긋나지 않았다'는 경지에 이르면, 마음은 순선한 본성 그 자체가 되고, 마음속 욕구는 바르고 적절하게 표출됩니다. 또한 마음의 본질이 도와 일치하고 마음의 작용이 의로움과 일치하며, 음성은 조화로운 소리가 되고 몸의 움직임과 일상의 법도가 일치하여 생각하지 않아도 얻을 수 있고 힘쓰지 않아도 최선의 결과에 다다름을 볼 수 있을 것입니다. 이상을 요약하면, 공부의 요점은 모두 '경敬' 하나에서 떠나지 않는다는 것입니다. 보통 마음은 몸을 이끌고 경은 또 마음을 이끄는 것입니다. 배우는 사람들이 정이 선생의 '마음이 하나에 전일하여 다른 곳으로 움직이지 않는다'는 말씀과 '몸가짐과 마음가짐을 가지런하고 엄숙하게 한다'는 말씀, 그리고 '그 마음을 한곳으로 모은다', '항상 깨어 있으라'는 정이 선생의 제자 윤돈尹焞(1071~1142년)과 사량좌謝良佐(1050~1103년) 선생의 말씀을 깊이 탐구하면, 그 공부가 완전하여 성인의 경지에 들어가는 것이 어렵지 않고 충분할 것입니다."

퇴계의 「심학도」 해설

전하, 「심학도」는 정복심이 성현들께서 마음을 다스리는 학문에 관하여 남기신 명언들을 모아 만든 그림입니다. 복잡함과 번거로움에도 불구하고 여러 용어를 구분하고 서로 대비하여 배치한 것은 성인이 되는 학문을 함에 있어서 마음을 다스리는 방법이 한 가지가 아니므로 모두 힘써 공부하지 않을 수 없음을 보여주기 위한 것입니다.

용어들을 위에서 아래로 배열한 것은, 단지 공부 범위의 얕고 깊음과 공부 방법의 생소하고 익숙함에서 보았을 때 대강 이와 같은 것이 있다는 것을 보여주는 것이지 그 공부의 과정이나 절차가 『대학』 8조목의 격물-치지-성의-정심-수신처럼 선후가 있다는 것은 아닙니다.

어떤 사람[63]이 의심하면서 말하기를, "마음공부의 대강을 서술한 것이라고는 하지만 '잃어버린 마음을 찾는 것'은 마음공부를 하는 시작 단계에 해당하므로 '마음이 있음'의 뒤에 두어서는 안 된다."고 하였습니다. 신의 생각으로는 '잃어버린 마음을 찾는 것'은 가볍게 말하면 처음 마음공부를 시작할 때 필요한 것이지만, 마음공부의 깊은 경지에서 보면 짧은 순간 생각이 조금이라도 어긋나는 것도 마음을 잃어버리는 것입니다. 안자顔子도 석 달 뒤에는 인을 어기지 않을 수 없었으니, '어기지 않을 수 없었다'라는 것이 바로 마음을 잃어버리는 것입니다. 안자는 마음에 잘못이 있자마자

---

63 율곡 이이를 가리킨다. 율곡은 「심학도」에 그려진 마음을 다스리는 방법들이 공부의 순서를 나타낸 것인가를 질문하였다.

바로 이것을 알았고, 알자마자 곧 다시는 마음에 나쁜 것이 싹트지 않게 하였으니, 이것 또한 '잃어버린 마음을 찾는 것'의 한 종류입니다. 그러므로 정복심의 그림에서 '잃어버린 마음을 찾음'이 '마음이 있음'의 뒤에 올 수 있었던 것입니다.

정복심의 자字는 자견子見이고 신안新安[64] 사람입니다. 은거하여 벼슬하지 않았고, 의로움을 실천하는 것이 매우 원숙하였습니다. 나이가 들어서도 경전을 연구하여 깊이 터득한 것이 있었고, 『사서장도』 세 권을 저술하였습니다. 원나라 인종仁宗(재위 1311~1320년) 때에 천거되었고 황제가 등용하고자 불렀으나 정복심이 원하지 않았으므로 조정에서는 향군박사鄕郡博士[65]를 제수하였는데, 정복심은 이마저도 사양하고 고향으로 돌아갔습니다. 정복심의 사람됨이 이와 같은데, 어찌 공부하지도 않고서 함부로 「심학도」를 지었겠습니까?

---

64 지금 중국 장시성 우위엔 지역이다.
65 지방 국립대학의 교수이다. 정복심이 벼슬을 사양하여 조정에서는 그의 고향 지역에 있던 학교에 교수로 임명하였으나 부임하지 않았다.

제9도 「경재잠도」

역해자 해설

「경재잠도」는 주희가 쓴 「경재잠」을 왕백이 그림으로 그린 것인데, 퇴계가 『성학십도』에 인용하였다. 사람은 다양한 상황 속에서 많은 일을 겪으며 살아가기 마련인데, 「경재잠도」는 이러한 다양한 상황에서 어떻게 경의 자세를 유지할 것인지를 제시하고 있다. 퇴계는 「경재잠도」를 통해 온갖 삶의 상황 속에서도 경의 자세를 잃지 말 것을 선조에게 주문하였으며, 만약 경의 자세를 잃게 되면 모든 일을 그르칠 수 있음을 경고하였다. 「경재잠도」는 마지막 「숙흥야매잠도」와 짝을 이루는 것으로, 앞서 8개의 그림을 통해 제시한 수양의 이론과 방법들을 어떻게 삶에서 구체적으로 실천할 것인가를 보여주고 있다.

「경재잠도」는 가운데 심心을 중심으로 위, 가운데, 아래로 나누어져 있다. 위에서는 경을 실천하는 구체적 항목들을 제시하였고, 가운데에서는 경이라는 수양법의 원리를 보여주었으며, 아래에서는 경을 실천하지 않을 때 발생하는 문제들을 설명하였다. 특히 경의 좌우에 '한 가지에 몰두함'과 '마음을 움직이지 않음'의 두 개념을 배치하여 경을 설명하고 있다. 이것은 '주일主一'과 '무적無適'을 풀이한 것으로 마음을 집중하는 것이 경의 핵심임을 제시한 것이다. 보통 사람들은 경을 공경한다는 뜻으로 이해하는데, 성리학에서는 마음을 집중해야 한다는 주일무적, 몸과 마음의 자세를 바르게 해야 한다는 정제엄숙整齊嚴肅, 마음이 항상 맑은 상태로 준비되어 있어야 한다는 상성성常惺惺의 세 가지로 경의 의미를 정의한다.

경은 몸과 마음을 주재하여 우리의 행동을 도덕적으로 이끄는 핵심적인 수양 방법으로 퇴계 사상이 모두 이 경에 귀결된다 해도 과언이 아니다. 때문에 퇴계는 앞의 「심학도」에서 정복심의 말을 인용하여 "수양의 요점은 경敬을 떠나지 않는 것이니 배우는 사람들이 주일무적, 정제엄숙, 상성성 같은 경의 자세를 실천하면 수양이 완전해져 충분히 성인의 경지에 들어갈 수 있을 것"이라고 강조하였다. 또한 경은 일상에서 몸과 마음을 제어하는 것일 뿐만 아니라 우리의 마음이 아직 움직이지 않은 고요한 상태, 곧 미발未發의 상태에서도 본성을 함양하는 방법으로 중요시된다. 따라서 퇴계는 「경재잠도」를 통해 우리의 몸과 마음, 움직일 때와 고요할 때, 본성

과 감정이 경을 통하여 제어되고 순수해질 수 있다면 우리는 「태극
도」와 「서명도」에서 말한 완전한 인간에 가까워질 수 있고, 「대학
도」에서 제시한 치국-평천하의 이상을 실현할 수 있다는 것을 선
조에게 보여준 것이다.

제9도 경재잠도

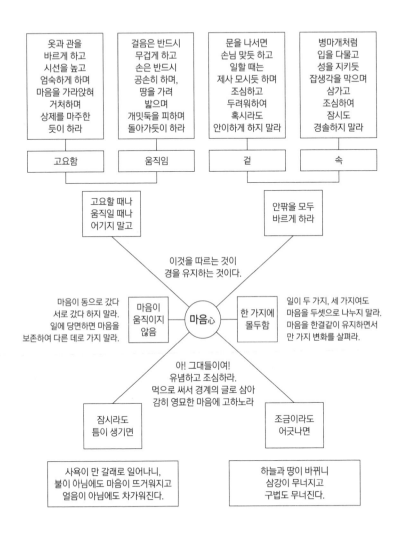

옷과 관을
바르게 하고
시선을 높고
엄숙하게 하며
마음을 가라앉혀
거처하며
상제를 마주한
듯이 하라

걸음은 반드시
무겁게 하고
손은 반드시
공손히 하며,
땅을 가려
밟으며
개밋둑을 피하며
돌아가듯이 하라

문을 나서면
손님 맞듯 하고
일할 때는
제사 모시듯 하며
조심하고
두려워하여
혹시라도
안이하게 하지 말라

병마개처럼
입을 다물고
성을 지키듯
잡생각을 막으며
삼가고
조심하여
잠시도
경솔하지 말라

| 고요함 | 움직임 | 겉 | 속 |

고요할 때나
움직일 때나
어기지 말고

안팎을 모두
바르게 하라

이것을 따르는 것이
경을 유지하는 것이다.

마음이 동으로 갔다
서로 갔다 하지 말라.
일에 당면하면 마음을
보존하여 다른 데로 가지 말라.

마음이
움직이지
않음

마음心

한 가지에
몰두함

일이 두 가지, 세 가지여도
마음을 두셋으로 나누지 말라.
마음을 한결같이 유지하면서
만 가지 변화를 살펴라.

아! 그대들이여!
유념하고 조심하라.
먹으로 써서 경계의 글로 삼아
감히 영묘한 마음에 고하노라

잠시라도
틈이 생기면

조금이라도
어긋나면

사욕이 만 갈래로 일어나니,
불이 아님에도 마음이 뜨거워지고
얼음이 아님에도 차가워진다.

하늘과 땅이 바뀌니
삼강이 무너지고
구법도 무너진다.

퇴계가 인용한 주희의 「경재잠敬齋箴」[66]

옷과 관을 바르게 하고 시선을 높고 엄숙하게 하며, 마음을 고요하게 가라앉혀 거처하면서 상제를 마주한 듯이 하라.

걸음은 반드시 무겁게 하고 손은 반드시 공손히 하며, 땅을 가려 밟고 개밋둑을 절도 있게 피하며 돌아가듯이 하라.

문을 나가서는 손님을 맞이하듯이 하고 일을 할 때는 제사를 모시듯이 하며, 조심하고 두려워하며 혹시라도 안이하게 하지 말라.

입 다물기를 병마개 막듯이 하고 잡생각 막기를 성을 지키듯이 하며, 삼가고 조심하여 잠시라도 경솔히 하지 말라.

마음이 동으로 갔다 서로 갔다 하지 말고 남으로 갔다 북으로 갔다 하지 말며, 일에 당면해서는 마음을 보존하여 다른 데로 가지 않도록 하라.

두 가지 일이라고 마음을 두 갈래로 나누지 말고 세 가지 일이라고 마음을 세 갈래로 나누지 말며, 마음을 오로지 한결같이 하여 만 가지 변화를 살펴라.

이것을 따르는 것이 경을 지키는 것이니 움직일 때나 고요히 있을 때나 어기지 말고 안과 밖을 모두 바르게 하라.

---

66 주희의 집 좌우에 작은 서재가 있었는데 왼쪽 방을 경재敬齋, 오른쪽 방을 의재義齋라고 불렀다. 이 잠箴은 경敬을 토대로 마음을 수양하고자 주희 스스로 지어 경재에 걸어 놓은 것이다. 4언4구가 한 단락인 총 160자의 운문이다.

잠시의 틈이 있으면 사사로운 욕심이 만 갈래로 일어나서 불이 아닌데도 마음이 뜨거워지고 얼음이 아닌데도 마음이 차가워진다.

털끝만큼의 어긋남이 있으면 하늘과 땅이 바뀌게 되니, 삼강三綱[67]이 무너지고 구법九法[68]도 무너질 것이다.

아! 그대들이여! 유념하고 조심하라. 먹으로 써서 경계하는 글로 삼아 감히 영묘한 마음에 고하노라.

여러 학자의 말을 인용하여 설명함

주희가 말하였습니다.

"둥글게 도는 동작이 둥근 자[컴퍼스]와 같다는 것은 몸을 돌릴 때 그 도는 모습을 마치 둥근 자에 의해 원이 그려지는 것처럼 하고자 한다는 것이고, 꺾어서 도는 동작이 직각자와 같다는 것은 몸을 직각으로 꺾어 돌 때 그 꺾어 도는 모습을 마치 직각자에 의해 직각이 그려지는 것처럼 하고자 한다는 것입니다. 개밋둑은 땅에 둑처럼 생긴 개미집을 말하는 것입니다. 옛말에 '말을 타고 개밋둑 사이

---

67 군위신강君爲臣綱-임금은 신하의 모범이 되고, 부위자강父爲子綱-부모는 자식의 모범이 되고, 부위부강夫爲婦綱-남편은 아내의 모범이 되어야 한다.

68 『서경』의 「홍범」 편에 있는 「홍범구주」를 말한다. 기자가 주나라 무왕에게 전해준 것으로, 선정을 베풀기 위한 아홉 가지 중요한 사항을 말하고 있다.

사이로 꺾어 돈다'라고 하였으니, 이것은 개미집 사이의 골목길이 구부러지고 좁으므로 말을 타고 그 사이로 이리저리 피해 돌아가면서도 말 달리는 절도를 잃지 않는 것이 어렵다는 말입니다. 입 다물기를 병마개 막듯이 하라는 것은 말을 함부로 하지 말라는 것이요, 잡생각 막기를 성을 지키듯이 한다는 것은 사악한 생각이 끼어드는 것을 막는다는 것입니다."

주희가 또한 말하였습니다.

"경은 마음을 반드시 하나에 몰입하는 것입니다. 처음에 하나의 일이 있었는데 하나가 더해지면 두 가지 일이 되어 마음이 두 개가 되고, 본래 하나의 일에 두 가지 일이 더해지면 세 가지 일이 되어 마음이 세 개가 되고 만다는 것입니다. '잠시의 틈'은 시간을 가지고 말한 것이고, '털끝만큼의 어긋남'은 일을 가지고 말한 것입니다."

원나라 때의 유학자 오징吳澄이 말하였습니다.

"「경재잠」은 모두 10장이며 각 장마다 4개의 구절이 있습니다. 1장은 마음이 고요할 때 경을 어기지 않는 것에 대하여 말하였고, 2장은 마음이 움직일 때 경을 어기지 않는 것에 대하여 말하였습니다. 3장은 겉모습을 바르게 하는 것을, 4장은 내면을 바르게 하는 것을 말하였습니다. 5장은 마음을 바르게 하여 일에까지 적용해야 함을 말하였고, 6장은 일할 때 하나에 집중하되 한결같은 마음에 근본을 두어야 함을 말하였습니다. 7장은 앞의 여섯 개 장을 총괄하였고, 8장은 마음이 안정되지 못했을 때의 병폐를 말하였습니다. 9장은 일에 집중하지 못하는 병폐를 말하였고, 10장은 「경재잠」을 총괄하여 맺은 것입니다."

송나라 말의 유학자 진덕수陳德秀가 말하였습니다.

"경의 의미는 이 「경재잠」에 이르러 더 이상 남김없이 설명되었으니, 성인이 되는 학문에 뜻을 둔 사람이라면 마땅히 익숙해지도록 되풀이하여 보아야 할 것입니다."

퇴계의 「경재잠」 보충 설명

전하, 「경재잠」 제목 아래에 주희가 스스로 쓰기를, "장경부張敬夫[69]의 「주일잠主一箴」을 읽고 그가 「주일잠」을 통해 남긴 뜻을 모아 「경재잠」을 만들어 서재의 벽에 써 붙이고 자신을 경계한다."고 하였고, "이 잠은 경의 조목으로서 그 내용은 여러 가지 경우를 상정하여 말한 것이다."라고 하였습니다. 신은 이 '여러 가지 경우'라는 말이 실제로 수양하는 데에 있어서 좋은 예시가 된다고 생각합니다. 금화 출신 남송의 유학자 왕백[70]이 이 '여러 가지 경우'를 배

---

69 남송의 유학자이자 주희의 벗인 장식張栻(1133~1180)으로, 호는 남헌南軒, 자는 경부敬夫이다. 주희는 장식의 「주일잠」을 보고 그것을 보완하여 「경재잠」을 지었다.

70 왕백(王栢:1197~1274)은 호가 노재魯齋이며, 그가 활동한 금화현金華縣(현 중국 저장성 중부)은 남송

열하여 「경재잠도」를 만들었는데 명백하고 가지런히 정리되어 모두 잘 실천할 수 있도록 한 것이 이와 같습니다. 일상에서 항상 보고 느끼는 사이에 체험하고 생각하고 경계하고 반성하여 깨달음이 있게 되면, 경이 성인이 되는 학문의 처음과 끝이 된다는 것을 어찌 믿지 않을 수 있겠습니까!

이후 원나라 때까지 성리학이 발달하였던 지역이다.

제10도 「숙흥야매잠도」

역해자 해설

「숙흥야매잠」은 '새벽 일찍 일어나 밤늦게 잠들기까지 해야 할 일을 적은 잠언'이다. 「숙흥야매잠도夙興夜寐箴圖」는 남송의 진백이 지은 「숙흥야매잠」을 퇴계가 그림으로 그린 것이고, '숙흥야매夙興夜寐'는 일찍 일어나고 늦게 잠자리에 든다는 뜻이며 『시경』에 나오는 말이다. 율곡 이이는 『성학집요』에서 「숙흥야매잠」을 가리켜 심신을 차분히 하는 데에 가장 효과적인 잠언이라고 하였다. 퇴계는 노수신[71]과의 토론을 통해 본격적으로 「숙흥야매잠」에 관심

---

71 노수신(盧守慎:1515~1590)의 호는 소재穌齋로 조선 중기의 학자이자 문신이다. 문과에 장원급제하여 벼슬길에 나아갔고, 을사사화 때 파직되어 순천으로 유배되었다가 양재역벽서사건에 연루되어 진도로 이배되어 19년간 귀양살이를 하였다. 유배 기간 동안 퇴계, 김인후 등

을 두게 된 것으로 보인다. 노수신은 진도에 유배되어 있으면서 진백의 「숙흥야매잠」을 해설한 「숙흥야매잠주해」를 지어 퇴계와 김인후[72]에게 보내어 검토를 부탁하였다. 이 과정에서 「숙흥야매잠」의 수양론적 의미와 경敬·성誠 같은 수양법들의 관계를 주제로 토론이 벌어졌다.

「경재잠도」가 그림 중앙의 '심心' 자를 중심으로 일상의 다양한 일에서 어떻게 경을 유지할 것인지를 주로 상황과 공간에 따라 배치하였다면, 「숙흥야매잠도」는 「경재잠도」의 구조를 따르면서도 중앙에 '경敬' 자를 두고 하루의 시간적 순서에 따라 어떻게 경을 실천해야 할 것인지를 제시하고 있다. 따라서 「경재잠도」와 「숙흥야매잠도」는 각각 상황에 따라 시간에 따라 어떻게 경을 유지하고 실천할 것인가를 제시하고 있는 서로 짝이 되는 그림이라고 할 수 있다.

「숙흥야매잠도」는 하루를 시간순의 여러 단계로 구분하여 각 단계마다의 수양 방법을 제시하고 있는데, 우선 새벽을 둘로 나누어 잠에서 깰 때 마음을 고요히 하여 지나간 허물을 살피고 새로운

과 서신으로 토론하였다. 선조 즉위 후 귀양에서 풀려나 이조판서, 대제학, 우의정, 좌의정을 거쳐 1585년 영의정에 이르렀다. 온유하고 원만한 성격에 학문이 깊고 정밀하였으며 덕행과 업적이 높아 많은 선비로부터 추앙을 받았고 선조가 존경하고 아끼는 신하였다.

72 김인후(金麟厚:1510~1560)의 호는 하서河西로 조선 중기의 학자이자 문신이다. 퇴계와 친분이 두터웠으며 성균관에서 함께 수학하면서 동고동락하였다. 영남의 퇴계 호남의 하서로 일컬어지는 대학자로 이기론과 인심도심설 등 성리학에 매우 조예가 깊고 천문·지리·의약·수학 등에도 정통하였으며, 인종의 스승이기도 하였다. 문묘에 배향된 18명의 현인 중 유일한 호남 출신 학자이다.

일의 실마리를 찾을 것, 일어나 몸과 마음을 정돈하고 한결같이 할 것을 제시한다. 다음으로 낮의 시간을 둘로 나누어 경의 자세로 독서하고 경의 자세로 일할 것을 주문한다. 그리고 이어서 낮이 끝나는 시간까지 부지런히 노력해야 하며 저녁이 되어 몸의 기운이 흐려질 수 있으니 다시 정신을 가다듬을 것, 잠자리에 들 때는 몸을 가지런히 하고 생각을 거두어 심신을 편안히 잠들게 할 것을 주문하고 있다.

퇴계는 선조가 성군聖君이 되길 바라는 마음으로 『성학십도』를 올렸다. 그리고 퇴계가 제시한 성군이 되는 방법은 '바로 지금 여기'에서 경의 자세로 수양하는 것이다. 따라서 만약 『성학십도』의 열 개 그림 중 하나만 남겨야 한다면 퇴계는 망설임 없이 이 「숙흥야매잠도」를 택할 것이다. 수양 일과표라 할 수 있는 「숙흥야매잠도」야말로 퇴계가 『성학십도』를 통해 하고자 하였던 말이며, 성군이 되는 길을 묻는 선조에게 하고 싶었던 대답이었다. 여기 나열된 수양의 방법들은 어찌 보면 별것 아닌 듯 보여도 이것이야말로 수양의 기본이며 성군으로 가는 유일한 방법이요 지름길임을 퇴계는 마지막에 말하고자 하였던 것이다.

「태극도」와 「서명도」, 「대학도」, 「심통성정도」 등에서 제시한 심오한 성리학 개념들은 수양을 위해 알아야 할 기초적 지식과 원리이지 그것을 이해한다고 해서 수양이 완성되는 것은 아니다. 심오한 이치를 탐구하는 것이 퇴계 철학의 핵심이라고 생각하기 쉽고 실제로 많은 사람이 그렇게 생각하고 있다. 그러나 퇴계가 위대한 학자로 추앙받는 것은 이론보다도 평생에 걸친 실천 때문이다. 새벽에 눈을 뜨고 늦은 밤 잠들기까지 시시때때로 흩어지는 마음을 붙잡고 또 붙잡으면서 경을 토대로 부단히 반성하고 투철하게 실천하였던 삶, 경을 통해 도덕적 본성을 자각하고 확충하며 실제 행동으로 완성하고자 했던 일생의 노력, 그것이 퇴계의 위대함이다. 그리고 퇴계가 「숙흥야매잠도」를 통해 선조에게 말하고자 했던 것도 결국 '지금 바로 여기'에서의 반성적 자각과 실천이었다.

제10도 숙흥야매잠도

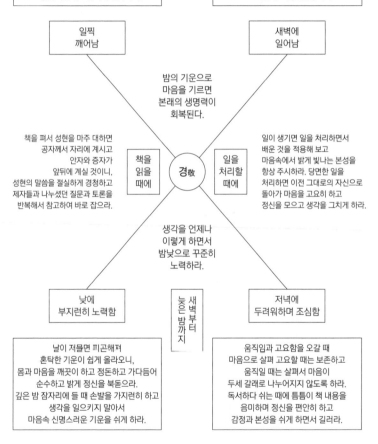

닭 울음에 잠 깨면 생각이 차츰 일어나니
어찌 그사이에 고요히 마음을
정돈하지 않을 수 있겠는가!
때로는 지나간 허물을 반성하고
때로는 새로 알게 된 것의 실마리를 찾으며
그 절차와 조리를
조용한 가운데 또렷하게 인식하라.

마음이 확립되면 일찍 일어나
세수하고 머리 빗고 옷 입고 관 쓰고
단정히 앉아 몸을 바르게 하라.
마음을 거두어 해와 같이 밝게 하고,
몸을 엄숙하고 가지런히 하며,
마음을 텅 빈 듯하면서도 밝게 하고
고요하면서도 한결같이 하라.

일찍
깨어남

새벽에
일어남

밤의 기운으로
마음을 기르면
본래의 생명력이
회복된다.

책을 펴서 성현을 마주 대하면
공자께서 자리에 계시고
안자와 증자가
앞뒤에 계실 것이니,
성현의 말씀을 절실하게 경청하고
제자들과 나누셨던 질문과 토론을
반복해서 참고하여 바로 잡으라.

책을
읽을
때에

경敬

일을
처리할
때에

일이 생기면 일을 처리하면서
배운 것을 적용해 보고
마음속에서 밝게 빛나는 본성을
항상 주시하라. 당면한 일을
처리하면 이전 그대로의 자신으로
돌아가 마음을 고요히 하고
정신을 모으고 생각을 그치게 하라.

생각을 언제나
이렇게 하면서
밤낮으로 꾸준히
노력하라.

낮에
부지런히 노력함

늦은 새벽부터 밤까지

저녁에
두려워하며 조심함

날이 저물면 피곤해져
혼탁한 기운이 쉽게 올라오니,
몸과 마음을 깨끗이 하고 정돈하고 가다듬어
순수하고 밝게 정신을 북돋으라.
깊은 밤 잠자리에 들 때 손발을 가지런히 하고
생각을 일으키지 말아서
마음속 신명스러운 기운을 쉬게 하라.

움직임과 고요함을 오갈 때
마음으로 살펴 고요할 때는 보존하고
움직일 때는 살펴서 마음이
두세 갈래로 나누어지지 않도록 하라.
독서하다 쉬는 때에 틈틈이 책 내용을
음미하며 정신을 편안히 하고
감정과 본성을 쉬게 하면서 길러라.

퇴계가 인용한 진백의 「숙흥야매잠」

닭 울음에 잠에서 깨면 생각이 차츰 일어나기 시작하니 어찌 그사이에 고요히 마음을 정돈하지 않을 수 있겠는가!

때로는 지나간 허물을 반성하고 때로는 새로 알게 된 것의 실마리를 찾으며 그 절차와 조리를 조용한 가운데 또렷하게 인식하라.

마음이 확립되면 새벽 일찍 일어나 세수하고 머리 빗고 옷을 입고 관을 쓰고 단정히 앉아 몸가짐을 바르게 하라.

이 마음을 거두어들여 떠오르는 해와 같이 밝게 하고, 몸가짐을 엄숙하고 가지런히 하며, 마음가짐을 텅 빈 듯하면서도 밝게 하고 고요하면서도 한결같이 하라.

그다음 책을 펴서 성현을 마주 대하면 공자께서 자리에 계시고 안자와 증자가 앞뒤에 계실 것이다.

스승이신 성현의 말씀을 절실하게 경청하고 성현과 제자들이 나누었던 질문과 토론을 반복해서 참고하여 바로잡으라.

일이 생기면 그 일을 처리하면서 배운 것을 적용해 볼 수 있으니, 마음속에서 밝게 빛나는 하늘이 준 본성을 항상 주시하라.

당면한 일을 처리하고 나면 이전 그대로의 자신으로 돌아가 마음을 고요히 하고 정신을 모으고 생각을 그치게 하라.

움직임과 고요함 사이를 오갈 때에 오직 마음으로 이를 살펴 고요할 때는 보존하고 움직일 때는 살펴서 마음이 두 갈래 세 갈래로 나누어지지 않도록 하라.

독서하다가 쉬는 때에 틈틈이 책 내용을 여유롭게 음미하며 정신을 편안히 하고 감정과 본성을 쉬게 하면서 기르라.

날이 저물면 피곤해져서 혼탁한 기운이 쉽게 올라오니, 몸과 마음을 깨끗이 하고 정돈하고 가다듬어 순수하고 밝게 정신을 북돋으라.

밤이 깊어 잠자리에 들 때는 손발을 가지런히 거두고 생각을 일으키지 말아서 마음속 신명스러운 기운을 쉬게 하라.

밤의 순수한 기운으로써 마음을 기르면 본래의 새로운 생명력이 돌아올 것이니[73], 언제나 이러한 생각을 가지고 밤낮으로 꾸준히 계속하라.

퇴계의 「숙흥야매잠도」 해설

전하, 「숙흥야매잠」은 남송의 진백陳柏[74]이 지어서 스스로 경계한 잠언입니다. 앞의 「경재잠도」를 그린 남송의 왕백이 일찍이 태주台州[75] 상채서원의 교수로 있을 때 오직 이 「숙흥야매잠」을 교재

---

73 『맹자』의 '야기夜氣'를 풀이한 말이다. 맹자는 밤에 심신이 편안히 쉬는 동안 낮에 잊었거나 약해졌던 인간의 선한 본성이 다시 길러진다고 하면서 이 '야기'를 잘 보존하는 것이 본성을 자연스럽게 함양할 수 있는 중요한 수양 방법임을 제시하였다.

74 호는 남당南塘으로 중국 송나라 말에서 원나라 초의 학자로 추정된다.

75 중국 저장성 해안의 도시이다.

로 삼아 모든 학생이 외우고 익혀 실천하도록 하였습니다. 신이 이제 왕백의 「경재잠도」를 참고하여 「숙흥야매잠도」를 만들어 왕백의 그림과 짝을 이루도록 하였습니다.

대체로 「경재잠」에는 공부를 해야 하는 여러 가지 공간적 상황을 상정하고 있으므로 그 상황에 따른 공부 방법을 배열하여 「경재잠도」를 만든 것입니다. 그리고 「숙흥야매잠」에는 시간적 상황에 따른 공부 방법과 내용이 많이 있기 때문에 그 시간적 상황을 고려하여 「숙흥야매잠도」를 만들었습니다. 대개 도道는 일상생활 속에 존재하는 것이어서 어디를 가더라도 없는 곳이 없으므로 어느 곳에서인들 공부를 하지 않을 수 있겠으며, 도는 잠시도 멈춤이 없으므로 어느 한순간도 이치가 없을 때가 없으니 어느 때인들 공부하지 않을 수 있겠습니까?

그러므로 자사子思가 『중용』의 첫머리에서 "도란 잠시도 현실을 떠날 수 없는 것이니 만약 떠날 수 있으면 도가 아니다. 그러므로 군자는 보이지 않는 곳에서도 경계하고 삼가며, 들리지 않는 곳에서도 두려워하고 조심한다."라고 하였고, 또 이어서 말하기를 "숨어 있는 것보다 더 잘 드러나는 것은 없고, 미세한 것보다 더 잘 드러나는 것은 없다. 그러므로 군자는 그 홀로 있음을 삼간다."라고 하였습니다. 이것은 마음이 한 번 고요하고 한 번 움직일 때 언제나 어디서나 함양하는 공부와 성찰하는 공부를 번갈아 실천하는 방법입니다. 참으로 이와 같이 할 수만 있다면 어떤 공간적 상황에서든 공부에 조금의 차질도 없을 것이고, 어떤 시간적 상황에서든 공부에 잠시의 중단도 없을 것입니다. 때와 장소에 따라 함양하는 공부와 성찰하는 공부의 두 가지를 함께 실천해 나아가면 성인이 되는 길이 바로 여기에 있을 것입니다.

『성학십도』 후반부 다섯 그림의 의의

전하, 이상 「심통성정도」부터 「숙흥야매잠도」까지 다섯 개의 그림은 마음과 본성을 기반으로 한 것이니 그 요점은 일상생활에서 힘써 공부하고, 공경하고 조심하는 마음을 소중히 보존하고 실천하는 것입니다.

해설

인간 본성과 감정에 대한 퇴계의 통찰

퇴계가 이룩한 철학적 업적 중에서도 인간의 본성과 감정에 대한 탐구는 매우 특별하다. 퇴계의 이 탐구로부터 조선 유학은 중국 유학과 구분되는 정체성을 확고히 갖추었고, 퇴계가 중시한 본성과 감정의 문제, 그리고 수양의 문제는 조선 유학을 관통하는 중심 주제가 되었다. 또한 퇴계의 이러한 철학적 업적은 『성학십도』에 고스란히 반영되었으므로, 『성학십도』에 녹아 있는 퇴계 철학의 특징을 이해하기 위해서는 본성과 감정에 대한 그의 통찰을 들여다볼 필요가 있다. 여기서는 「천명도」를 통해 퇴계가 바라본 인간 본성의 모습과 사단칠정논쟁을 통해 퇴계가 파악한 인간 감정의 문제를 살펴보고자 한다.

퇴계 이황의 「천명도天命圖」

인간이 어떤 본성을 타고나는가에 대해서 오래전부터 철학자들은 많은 고민과 연구를 해왔다. 그리고 이 문제에 대하여 서양과 동양은 좀 다른 대답을 내놓았다. 서양철학이나 종교에서는 대체로 인간의 본성이 악하거나 이기적이라고 하였다. 이와 달리 동양 사상에서는 대체로 인간의 본성을 순수하고 선하다, 맑고 청정하다고 정의하였다. 그리고 동서양의 전통적 관점과 달리 진화론이나 뇌과학 같은 최근 학문에서는 인간은 선과 악 등 여러 가지 본성을 모두 가지고 태어난다고 보기도 한다.

본성에 대한 이러한 관점의 차이 때문에 서양과 동양은 도덕적 인간이 되는 방법도 다르게 제시하였다. 서양은 이성으로 악한 본성을 보완하고자 하였고, 동양은 수양으로 선한 본성을 드러내고자 하였다.

인간의 본성을 어떻게 볼 것인가는 개인의 문제만이 아니라 사회의 운영 원리에도 그대로 적용된다. 인간의 본성을 악하다고 보면서도 본성을 보완하는 이성을 강조하는 서양 사상은 악한 본성으로 인해 발생하는 부정적 행위를 방지하기 위한 법이나 제도를 사회 운영 원리로 중시한다. 그러나 동양에서는 자율에 기반을 둔 교육이나 수양, 예절, 풍습 등을 법과 제도라는 타율적 수단보다 중시한다. 본성이 악하다면 그 악함을 통제하거나 막아야겠지만, 본성이 선하다면 그 본성이 다른 요인에 의해서 가려지지 않게 하고, 본성이 그대로 표현되도록 하는 것이 중요하기 때문이다.

　인간을 어떤 존재로 볼 것인가를 가치관에 달린 문제로 보거나 지극히 개인적 성향이나 판단의 문제라고 생각하기가 쉽다. 그러나 인간의 본성을 어떻게 볼 것인가, 마음의 본질이 무엇인가에 대한 관점은 개인은 물론 사회적으로도 굉장히 중요한 문제였다.

　특히 우리 선조들은 인간의 본성과 감정의 문제에 관심이 많았다. 오래전부터 이 분야를 깊이 연구하였는데 그 시작은 유교보다 불교가 먼저였다. 원효가 강조한 일심—心이나 지눌이 제시한 진심眞心은 불교의 관점에서 본성과 마음의 문제를 탐구한 결과였다. 그리고 고려 후기 성리학이 전해지면서 유학자들도 본격적으로 본성과 마음의 문제를 탐구하기 시작한다. 특히 퇴계의 「천명도」는 인간의 본성이 어디에서 왔고, 그 속성이 어떠한가라는 물음에 대한 조선 유학자들의 대답 중 가장 대표적인 것이다.

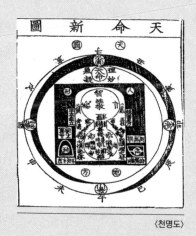

〈천명도〉

위 그림은 1560년경에 퇴계가 그린 「천명도」로, 기존의 「천명도」를 수정한 다음 「천명신도天命新圖」라고 이름을 붙였다. 「천명도」는 퇴계가 만든 것이 아니라 1540년 무렵 정지운이라는 퇴계보다 여덟 살 어린 학자가 처음 만들었다. 인간의 본성을 설명하는 이 새로운 그림에 퇴계는 매우 흥미를 느꼈다. 그래서 퇴계는 정지운과 함께 「천명도」를 수정하였는데, 이것이 「천명구도」이고, 「천명구도」를 퇴계가 말년에 자신의 견해대로 다시 수정한 것이 위의 「천명신도」로, 여기서는 「천명도」로 통칭하였다.

정지운은 애초에 자신의 동생에게 성리학의 기초를 가르쳐 주기 위해서 「천명도」를 그렸는데, 함께 공부하던 친구와 선비들이 「천명도」를 베껴가면서 퇴계에게도 전해지게 되었다. 훗날 퇴계도 "학자들이 「천명도」를 통해 천명이 자신에게 갖추어져 있음을 알고 하늘로부터 받은 선한 본성을 높이 받들고 공경하여 지키면서 믿고 따르게 할 수 있다."라고 「천명도」를 그린 목적을 말하였다. 『성학십도』가 좋은 임금이 되기 위한 기초 지식과 수양 방법을 제시한 그림이듯이 「천명도」는 인간 본성의 근원과 특징을 사람들에게 쉽게 이해시키기 위해 그려진 그림이다.

그러면 「천명도」는 어떤 내용을 담고 있고 구체적으로 무엇을 설명하고자 했던 것일까? 「천명도」는 크게 하늘, 땅, 사람의 세 영역으로 구분되어 있다. 그림의 전체적인 큰 원은 하늘을 나타내고, 원 안에 있는 검은 색 바탕의 사각형이 땅을 나타낸다. 그리고 사각

형 안에 인간의 특징을 분석하여 제시하고 있다. 먼저 하늘을 보면 원 둘레로 자·축·인·묘·진·사·오·미·신·유·술·해의 십이지를 표시하고 있다. 십이지는 시간과 방향, 계절을 나타낸다. 원 위에 '천원天圓' 즉 '하늘은 둥글다'라고 표시하였고 큰 원 테두리의 검은색과 하얀색이 서로 늘어났다 줄어드는 것은 태극과 음양을 나타낸다. 그리고 원의 상하좌우에 '원·형·이·정'이라고 하는 천지자연의 운행 원리를 제시하였다. 원·형·이·정은 『주역』에 나오는 개념인데 천지자연의 원리인 원·형·이·정이 사람에게는 본성인 인·의·예·지로 들어오게 된다.

다음으로 땅은 사각형으로 그려져 있고, 사각형 아래에 '지방地方' 곧 '땅은 네모지다'라고 표시되어 있다. 땅에는 식물과 동물이 살고 있으므로 식물과 동물의 본성이나 존재 방식을 간략히 설명하면서 이들의 본성은 인간처럼 완전하지 않음을 표현하고 있다.

땅에는 인간도 살고 있지만 인간을 이루고 있는 기氣와 인간의 본질인 성性이 식물·동물과 다르기 때문에 인간은 별도로 설명된다. 인간도 다른 존재와 마찬가지로 이理와 기氣로 이루어져 있으나 인간에게 내재한 이理는 원초적 도덕성이기 때문에 별도로 성性이라고 한다. 그 성은 하늘이 인간에게 부여한 것, 즉 천명天命에 의해 내재하게 된다. 아울러 인간의 봄과 마음을 이루는 기氣는 다른 존재와 달리 빼어나고 순수하다. 종합적으로 보면 인간은 빼어나고 순수한 기가 모여 형성되고 거기에 인간만의 이치인 성이 천명으로 부여된 존재이다.

「천명도」는 인간의 본성과 함께 감정도 간략히 제시하고 있다. 특히 도덕적인 감정인 사단과 일반적인 감정인 칠정을 구분하여 제시한 것이 눈에 띈다. 이어서 올바른 기질과 치우친 기질, 맑고 순수한 기질과 혼탁하고 섞인 기질에 따라 사람과 사람 이외의 존재뿐만 아니라 사람과 사람 사이의 차이가 나타남도 설명하고 있다. 또한 사람의 마음 가운데에 '경'이라는 글자를 써 놓음으로써 경을 통해 본성을 함양하고 감정을 잘 통제해야 한다는 것도 제시하고 있다. 경은 성리학에서 중시하는 수양의 핵심 내용이자 방법인데, 몸가짐을 바르고 엄숙하게 하는 것과 마음을 한 곳에 집중하는 것, 그리고 마음을 항상 깨끗하고 올바른 상태로 유지하는 것이 그 핵심이다. 하나의 그림에 많은 것을 담아내고 있지만 핵심은 의외로 간단하다. 그것은 바로 하늘이 인간에게 선한 본성은 부여했다는 것이다.

성性 곧 인간의 본성은 하늘이 명령한 것이지만, 알기 어렵고 실천하기 어려운 명령이다. 그 본성이 내 마음에 존재함을 알아차리고 보존하려 노력하는 사람을 군자나 대인이라고 한다. 본성을 알지 못하거나 버리는 사람을 소인이라 한다. 그리고 본성을 보존하는 방법은 '경'이다.

「천명도」는 정지운과 퇴계 이후로도 여러 학자에 의해 다시 그려지고 수정되었다. 퇴계와 사단칠정논쟁을 벌였던 기대승도 「천명도」를 그렸고, 퇴계와 성균관에서 함께 공부하였던 절친한 친구 김인후도 「천명도」를 그렸다. 조금씩 다른 모습을 하고 있고 내용이 약간씩 다르지만, 이들이 그린 「천명도」는 공통적으로 하늘과 땅 사이에 있는 인간이 어떻게 존재하고 있으며, 어떤 본성을 가지고 있고, 그 본성이 어디에서 왔는가를 설명하고 있다.

퇴계는 「천명도」를 그린 후 「천명도」가 가진 철학적 의미를 「천명도설후서」라는 글을 써서 남겨놓았다. 「천명도설후서」는 누군가의 질문에 퇴계가 답하는 형식으로 되어 있다. 그 누군가는 퇴계에게 「태극도」는 다섯 개의 층위로 구분되어 있는데 「천명도」는 층위가 없이 하나뿐인 이유를 묻는다. 「태극도」는 『성학십도』의 첫 번째 그림으로 이미 본문에서 설명하였듯이 무극과 태극을 제시한 맨 위의 원부터 만물이 생성되는 맨 아래 원까지 다섯 개의 층위로 구분되어 우주의 이치와 인간, 그리고 만물의 생성 원리를 제시하고 있다. 그런데 「천명도」는 층위가 분명하지 않은 하나의 그림으로 되어 있다.

「태극도」와 「천명도」가 모두 만물의 생성 원리를 제시하고 있는 그림인데 두 그림의 체계가 왜 다른지 묻는 질문자의 말에 퇴계는 「태극도」는 만물이 생성되고 변화하는 이치를 순차적으로 보여주기 위해서 다섯 가지로 층위를 나누었을 뿐이고, 「천명도」는 하늘과 땅, 인간이 어떻게 존재하는지를 전체적으로 보여주기 위해 하나로 그린 것이므로 두 그림이 그려진 취지와 목적이 다를 뿐 「태극도」와 「천명도」의 내용이 다른 것은 아니라고 대답한다. 다시 말해 「천명도」는 「태극도」에서 다섯 층위로 표현된 그림들을 하나로 합하고 압축하면서 인간 본성의 연원과 특징을 강조한 것이다.

질문자는 이어서 「태극도」에서는 음과 양으로 만물 생성의 이치를 제시하였는데 「천명도」에서는 왜 음양을 설명하지 않고 인·의·예·지를 제시하였는지 묻는다. 퇴계는 「천명도」는 하늘의 이치를 인간의 원초적 본성과 현실적 감정을 통해 설명하기 위해 인·의·예·지와 사단·칠정을 제시한 것이라고 답한다. 질문자는 또 마음과 본성과 감정, 선과 악의 분기점, 그리고 도덕적 감정인 사단과 일반적 감정인 칠정의 차이점에 대하여 질문하고 퇴계는 이 질문들에 대해 자신의 견해를 간략히 말하며 끝을 맺는다. 「천명도설후서」에서 퇴계에게 질문한 사람은 아마도 퇴계 자신이었을 것이다. 다시 말해 퇴계는 자문자답의 형식으로 「천명도」가 가지고 있는 철학적 의미를 사람들에게 설명한 것이다.

그리고 퇴계가 그린 「천명도」와 그에 대한 해설인 「천명도설후서」를 통해 『성학십도』의 첫 번째 그림이었던 「태극도」에서는 볼 수 없는 조선 유학의 독특하고 새로운 시각을 발견할 수 있다. 그것은 바로 성리학 탐구의 방향이 자연과 만물의 이치를 밝히는 것에서 인간의 본성과 감정을 탐구하는 것으로 바뀌고 있다는 점이다. 본문에서 이미 밝혔듯이 「태극도」는 중국 학자의 그림이고 우주 만물의 생성 원리나 이치의 제시에 초점이 맞추어져 있다. 그에 반해 「천명도」는 조선 학자의 그림이고 우주의 원리를 제시하면서도 초점이 인간의 본성에 맞추어져 있다. 따라서 「천명도」는 자연의 이치에 대한 탐구에서 인간의 본성과 감정에 대한 탐구로 성리학 연구의 방향이 조선에서 본격적으로 전환되는 상징적인 그림인 것이다.

그러나 「천명도」는 인간의 본성만 설명하고 있지 않다. 감정의 종류와 그 감정들이 어떻게 생겨나는지에 대해서도 간략히 제시하고 있다. 특히 「천명도」 중 사람을 나타내는 부분에 사단과 칠정이 우주 자연의 원리인 이理와 우주 자연을 실질적으로 구성하는 기氣에서 각각 발현되었음을 제시하고 있다. 바로 이 부분이 불씨가 되어 조선 성리학에서 가장 중요한 논쟁인 사단칠정논쟁에 불을 붙이게 된다. 「천명도」를 보게 된 기대승이 퇴계에게 인간의 감정을 표현한 부분이 잘못되었음을 지적하면서 8년간의 사단칠정논쟁이 촉발된 것이다.

퇴계 이황과 고봉 기대승의 사단칠정논쟁

본성, 즉 성은 우리가 직접 느낄 수 있는 것이 아니다. 우리가 느낄 수 있는 것은 성이 발현되어서 나타나는 정情, 즉 감정이다. 사단과 칠정은 모두 감정이다. 따라서 사단·칠정을 비롯한 인간의 감정을 조선 유학에서 어떻게 탐구했는지 알고자 한다면 이理와 기氣, 성과 정, 본성과 감정의 관계를 먼저 이해해야 한다.

인간의 본성은 우주 자연의 근원적 이치인 이理가 우리에게 들어온 것이라고 성리학은 설명한다. 예를 들어, 봄·여름·가을·겨울의 이치에 따라 계절이 바뀐다. 이것은 자연의 본질이자 이치이다. 자연과 마찬가지로 만물에도 이치가 있다. 자동차는 땅 위를 다닌다는 이치를 가지고 있고, 배는 물 위를 다닌다는 이치를 가지고 있다. 새는 하늘을 나는 이치를 가지고 있고, 두더지는 땅속을 다니는 이치를 가지고 있다. 그러면 사람에게는 어떤 이치가 있을까? 사람만이 가진, 사람만의 이치는 무엇일까?

사람을 사람답게 만드는 이치, 동물과 구별되는 사람만의 이치가 있는데 그것을 성이라고 한다. 앞의 「천명도」에서 강조했던 바로 그 인간의 본성, 그것이 바로 사람만이 가진 이치이다. 사람을 사람으로 규정할 수 있는 요소가 바로 성性이다. 한자를 풀이해서 말하면 마음 심心과 날 생生 자가 붙어 있는 글자로, 태어날 때부터 가지고 있는 마음을 뜻한다.

성을 알았으니, 다음으로 성과 이理의 관계를 이해해야 한다. 하늘은 만물 각각에게 이치를 부여하였다. 만물 각각이 가지고 있는 이치 그 자체는 우주 자연의 근원적 이치와 같은 것이고 통하는 것이다. 계절이 바뀌는 이치도, 새가 하늘은 나는 이치도, 자동차가 땅 위를 다니는 이치도, 결국 우주 자연이라는 큰 틀에서 보면 하나의 이치이다. 그 하나의 이치가 사물에 각각 내재하여 저마다 다른 원리와 특징으로 작용하는 것처럼 보일 뿐이다. 이것을 성리학에서는 이일분수理一分殊라고 한다. 이치는 하나이지만 각각의 사물에 내재하여 각 사물의 특수성을 만들어 낸다는 말로, 『성학십도』제

2도 「서명도」의 핵심적 내용이기도 하다.

연인과 함께 강가로 여행을 갔는데 하늘에 달이 떠 있다. 그 달은 강에도 떠 있고 술잔에도 떠 있고 나의 눈과 연인의 눈에도 떠 있다. 여기서 하늘에 뜬 달은 우주 자연의 근원적 이치인 이理이다. 그러나 하늘에 뜬 달도, 강 위에 뜬 달도, 술잔에 뜬 달도, 연인의 눈동자에 뜬 달도 모두 달이다. 이것이 '이일분수'의 논리이다.

다시 인간에게 시선을 돌려보면, 인간도 우주 자연의 이치를 하늘로부터 받은 존재이다. 그런데 인간이 받은 이치를 유학에서는 별도로 성性이라고 한다. 우주 자연의 이치는 인간에게 들어와서 성이 된다. 그리고 그 성이 인간을 인간으로 만드는데, 그 성의 핵심을 맹자는 인·의·예·지라고 하였다. 하나의 근원적 이치가 자연에 있게 되면 봄·여름·가을·겨울의 이치가 되고, 그 이치가 사람에게 들어오면 인·의·예·지가 되듯이, 우주 자연에 있으면 이理이고, 인간에게 있으면 성이 된다. 이것을 '본성이 곧 이치' 즉 '성즉리性卽理'라고 하며 본성이 곧 이치임을 탐구하는 학문이 '성리학'이다.

이치와 본성을 알았으면 다음으로 감정을 이해해야 한다. 우리는 이지나 원리를 느끼거나 인식할 수 없다. '관성의 법칙'을 이해할 뿐 느낄 수 없듯이 단지 관념 속에서 논리적으로 생각할 뿐 이치나 본성을 느낄 수는 없다. 불쌍한 사람을 보면 측은한 감정이 드는데 사람은 그 감정을 느낄 수 있을 뿐, 측은하다는 감정이 생기도록 하는 이치인 인仁을 느끼는 것은 아니다.

그래서 맹자는 인간이 인이나 의, 예, 지와 같은 본성을 느낄수는 없지만, 그러한 인·의·예·지와 같은 본성을 가지고 있음을 알수 있게 해주는 단서가 있다고 했다. 인이라는 본성이 있음을 알게해주는 측은지심, 의가 있음을 알게 해주는 수오지심, 그리고 예와지가 있음을 알게 해주는 사양지심과 시비지심, 이렇게 네 가지 도덕적인 감정을 우리는 느낄 수 있고, 이 네 가지 도덕적 감정들은인·의·예·지라는 도덕적 본성이 있음을 알게 해주는 단서가 된다는것이다. 그래서 이 네 가지 도덕적 감정을 네 가지 본성의 단서, 즉'사단四端'이라고 한다. '측은한 마음이 생기는 것을 보니, 아마도그 마음을 생기게 하는 이치인 인仁이 나에게 내재해 있겠구나'하고 추측할 수 있는 것이다.

그런데 인간은 도덕적 감정만 느끼는 것이 아니다. 사실 인간이 느끼는 감정의 대부분은 기쁘다, 슬프다, 배고프다와 같이 욕구와 관련된 것들이다. 이렇게 인간이 느끼는 일반적 감정들을 유학에서는 '칠정七情'이라고 한다. 칠정은 『예기』에 나오는 말로, 기쁨,노여움, 슬픔, 두려움, 사랑, 미움, 욕구의 일곱 가지 감정인데 인간의 일반적 감정들 전체를 대표하여 말한 것이다. 그리고 이 칠정이만들어지는 이치도 성에 있다. 사단이든 칠정이든 모든 감정은 성이 구체화된 것이다. 인·의·예·지의 본성은 도덕적인 감정과 일반적인 감정을 만들어 내는 이치가 된다.

중국의 유학자들은 '본성이 발현하여 감정이 된다'고 하였지만, 감정이 어떻게 발현되는지에 대해서는 자세하게 연구하지 않았다. 그리고 도덕 감정인 사단과 일반 감정인 칠정을 이理·기氣와 연관지어 연구하지도 않았다. 그런데 조선의 유학자들은 인간의 감정 문제를 이理(본성)·기氣와 연결하면서 독특한 철학적 사유와 성취를 이루어 냈다. 특히 퇴계 이후 조선 유학에서는 본격적으로 인간의 감정 문제를 이·기, 본성·기질의 문제와 연관해서 연구하게 된다.

이제 본격적으로 사단칠정논쟁의 전개와 의의에 대하여 알아보고자 한다. 8년간 이어진 논쟁이었고 어려운 개념들 속에 많은 토론이 이어졌는데, 여기서는 간략히 그 대강만을 제시한다.

고봉 기대승이라는 젊은 학자는 퇴계에게 「천명도」의 '사단발어리四端發於理, 칠정발어기七情發於氣'가 논리적으로 문제가 있다고 지적하였다. 이치가 스스로 움직여서 사단이 될 수 있는가에 대한 문제 제기이다. 기대승의 비판을 받은 퇴계는 「천명도」의 사단칠정 관련 내용이 정확하지 않음을 인정하고 다음과 같이 고쳐서 기대승에게 편지를 보낸다.

"사단의 발현은 순수한 이치 때문이니 선하지 않음이 없고[四端之發 純理故無不善], 질성의 발현은 기氣를 겸하기 때문에 선과 악이 있습니다[七情之發 兼氣故有善惡]."

여기서 발현한다는 것은 본성이 감정으로 구체화 된다는 의미이다. 움직임이나 작용성이 없는 이理가 스스로 움직여 감정이 된다는 기존의 표현이 퇴계도 마음에 들지 않았던 모양이다. 그러나 퇴계의 편지를 받은 기대승은 퇴계가 수정한 내용을 수긍할 수 없었다. 그래서 답신에 다음과 같이 적었다.

"자사가 칠정을 맹자가 사단을 각각 언급하여 사단과 칠정의 구별이 있게 된 것일 뿐, 칠정 이외에 별도로 사단이 있는 것은 아닙니다. 그런데 '사단의 발현은 순수한 이치 때문이니 선하지 않음이 없고, 칠정의 발현은 기氣를 겸하기 때문에 선과 악이 있다'고 한다면 이와 기를 완전히 갈라서 두 가지 것으로 간주하는 것이며, 칠정은 본성에서 나오지 않고, 사단은 기와 관계없는 것이 됩니다. 비록 처음보다는 조금 나은 듯하지만 제 생각으로는 여전히 옳지 않은 것 같습니다."

기대승의 말에서 '자사가 말한 것'은 자사가 지은 『중용』에 있는 희로애락 즉 칠정을 뜻하는 것이고, '맹자가 말한 것'은 측은지심, 수오지심, 사양지심, 시비지심의 사단을 뜻한다. 기대승의 반박은 세 가지로 나누어 볼 수 있다. 첫째는, 자사가 칠정을, 맹자가 사단을 따로 말해서 사단과 칠정이 서로 다른 개념이라고 생각하기 쉽지만, 사실 사단은 칠정에 포함된다는 것이다. 도덕적인 감정이지만 사단도 감정이므로 감정 전체를 의미하는 칠정에 사단이 포함된다는 뜻이다.

둘째는, 사단을 이의 발현으로, 칠정을 기의 발현으로 본다면 이와 기를 따로 떼어 두 가지로 보게 된다는 것이다. 만물의 원리이자 이치인 이와 만물을 구성하면서 작용하고 변화하는 기는 개념상으로는 별개인 것으로 볼 수는 있지만, 사실 현실에서 이와 기는 절대로 떨어질 수 없다. 기대승은 인간의 관념 속에서나 임시로 나누어 볼 수 있는 이와 기가 실제로 분리되고 각각 작용을 하여 사단과 칠정이 생겨난다면 이것은 잘못된 것이라고 주장한다.

셋째는, 모든 감정은 이와 기가 합해져 생겨나는 것인데 퇴계의 주장대로라면 사단은 기와 관계가 없고 칠정은 이와 관계가 없게 된다는 것이다. 세상의 모든 것은 이와 기가 합해져서 이루어지며, 인간의 마음 작용도 이와 기의 작용이 합해져 발생한다. 도덕 감정인 사단이나 일반 감정인 칠정은 모두 인간의 본성에서 나오는 것이지만, 외부의 자극을 받아 마음에서 그러한 감정들이 만들어지므로 모두 기에 의해 생성된다. 마음은 본성을 담고 있는 그릇이고 감정이 만들어지는 공장이라 할 수 있다. 따라서 형이상학적인 본성을 담고 있지만 마음 자체는 기이고 마음의 작용으로 만들어지는 감정도 모두 기이다. 마음과 감정이 모두 기의 작용이므로 인간은 그 마음과 감정들을 느낄 수 있는 것이다.

기대승의 주장은 사단은 칠정에 포함되는 것이므로 별개의 감정으로 보아서는 안 되고, 사단과 칠정 모두 이와 기가 합해져 발생한 감정이며, 이와 기를 따로 떼어 놓고 각각 작용한다고 보아서는 안 된다는 것이다.

기대승의 반론에 퇴계는 자신의 견해를 정리하여 답신을 보낸다. 기대승의 주장을 일부 수용하면서도 사단과 칠정을 구별하여 볼 수밖에 없는 이유를 다음과 같이 말한다.

"사단도 정이고 칠정도 정입니다. 그런데 사단과 칠정이라는 다른 이름이 있게 된 이유는 기대승 선생도 말했듯이 가리켜 말한 것이 다르기 때문입니다. 이와 기는 본래 서로 원리가 되고 작용이 되므로 이 없는 기가 없고 기 없는 이가 없습니다. 하지만 가리켜 말하는 것이 다르므로 구별하지 않을 수 없습니다. 저 또한 사단과 칠정의 발현은 이와 기 모두와 관련된다고 생각합니다. 다만 사단은 이가 발현하여 기가 따르는 것이고[四端 理發而氣隨之], 칠정은 기가 발현하여 이가 타는 것[七情 氣發而理乘之]일 뿐입니다."

퇴계도 사단과 칠정이 모두 감정이라는 것에 동의한다. 그러나 서로 가리키는 것이 다르기 때문에 사단이나 칠정이라는 다른 이름이 생겨나는 것이라고 주장한다. 기대승도 "자사와 맹자가 가리켜 말한 것이 다르기 때문에 사단과 칠정의 구별이 있게 된 것"이라고 하였으므로 그 말대로라면 사단과 칠정을 구분해 보아야 한다는 것이다. 그리고 이와 기도 기대승의 말처럼 서로 떨어질 수 없는 것이지만, 이와 기는 또한 같은 것이 아니므로 구별해서 말할 수밖에 없다는 것이다. '사실'이나 '실제'라는 측면에서 보면 이와 기는 언제나 함께 붙어 있는 것이고, 사단과 칠정은 모두 감정이지만, '관점'이라는 인식의 측면에서 본다면 구별해서 볼 수밖에 없다는 것이다.

퇴계에 의하면 사단은 인·의·예·지에서 발현된 것이다. 하지만 칠정이 발현되는 요인은 본성 곧 이가 아니라 사물 곧 기에 있다는 것이다. 사단과 칠정이 모두 마음의 작용으로 생겨난 감정이고, 마음은 이와 기가 합해져 있는 것이므로, 사단과 칠정도 이와 기가 합해진 것을 퇴계도 인정한다. 그러나 사단은 인·의·예·지의 본성이 그대로 발현되어 선하기 때문에 '이'라고 할 수 있다고 주장한다. 그리고 칠정은 우리의 몸이 외부 사물과 관계를 맺으면서 생겨난 감정이기 때문에 기와 관련이 있고, 기는 선과 악이 정해지지 않은 것이므로 칠정도 그 자체로는 선과 악이 정해지지 않은 감정이라고 주장한다.

　　퇴계의 반론을 정리하면, 사단과 칠정 모두 감정이지만 각각 가리키는 것이 다르므로 구분해 보아야 하며, 따라서 사단을 이, 칠정을 기라고 할 수 있다는 것, 그리고 사단은 이(본성)가 발현된 것이므로 선하지만, 칠정은 기가 발현된 것이므로 선악이 정해지지 않았다는 것이다.

　　퇴계와 기대승의 사단칠정논쟁은 1559년 기대승이 「천명도」의 일부 내용을 비판하면서 시작되었고, 1566년 약 8년간의 논쟁을 거쳐 끝나게 된다. 전체적으로 보면 퇴계는 논리적 위험성을 감수하면서까지 애써 이와 기를 구분하고 사단과 칠정을 구분하고자 하였다. 그런데 이理는 움직일 수 없고 감정은 모두 본성에서 발현된다는 성리학의 기본 전세에 맞지 않는다는 지적을 받으면서도, 퇴계는 왜 이를 기와 구분하고 사단을 칠정과 별도로 보고자 하였을까?

　　기대승처럼 이는 작용할 수 없고 모든 감정이 기의 작용에 의

한 것이라고 한다면 인간의 도덕성은 결국 기질, 기의 문제가 된다. 하지만 퇴계는 「천명도」에서도 말했듯이 인간의 도덕적 본성은 하늘로부터 온 것이고 그 본성을 실현하면 도덕적 인간이 될 수 있다는 점을 강조하고 싶었다. 기는 선할 수도 있고 악할 수도 있지만 우리의 본성, 곧 이는 언제나 순수하고 선하기 때문에 본성의 발현을 통해서 도덕적 인간이 될 수 있다는 점을 강조하고자 하였던 것이다.

인간의 도덕성이 기에 의해 좌우된다면 인간과 동물의 차이는 의미가 없을 것이다. 인간만이 가진 선천적 도덕 본성을 바탕으로 인간이 주체적이고 자발적으로 도덕적 행위를 할 수 있다고 퇴계는 말하고 싶었던 것이다. 퇴계가 마지막에 주장한 '사단은 이가 발한 것이고 칠정은 기가 발한 것'이라는 말은 인간을 '도덕적 주체'로 보고자 하는 퇴계의 사상이 잘 반영되어 있다.

반면 기대승은 이와 기가 떨어질 수 없고, 이는 작용성이 없으며, 모든 작용은 기에 의한 것이고, 감정은 본성의 발현이라는 성리학의 기본적 논리에 충실하고자 하였다. 기대승의 논리는 이후 율곡 이이에게 계승되었는데 율곡은 기가 발한 후에 이가 기에 올라탄다고, 즉 기에 이가 스며들어 기가 운동·변화하는 원리가 된다고 하였다. 율곡의 주장대로라면 사단이든 칠정이든 감정은 기가 움직여 발생하고 이는 발생한 감정에 스며들어 감정의 원리가 된다. 기대승처럼 율곡도 이가 먼저 스스로 발현하여 감정을 만들어 낼 수 없다고 본 것이다.

「천명도」로부터 촉발된 인간 본성과 감정에 대한 논쟁은 일단 마무리된 것처럼 보인다. 하지만 이 두 학자 간의 논쟁은 이후 율곡 이이와 우계 성혼의 논쟁으로 이어졌고, 퇴계를 따르는 영남학파와 이이를 따르는 기호학파 간의 논쟁으로 이어져 조선조 내내 이 문제를 놓고 학자들 간에 치열한 토론이 펼쳐진다. 조선 후기에는 학파 간에 논쟁이 격해지면서 정치적 문제로까지 확대되는 부정적인 모습을 보이기도 한다.

하지만 퇴계와 기대승의 논쟁은 순수하게 학문의 영역에서 주장과 비판, 그리고 이에 대한 반론이 연속된 모범적인 논쟁이었다. 퇴계와 기대승의 논쟁에는 나이나 사회적 지위가 전혀 개입되지 않았고 순수하게 학문적인 합리성과 엄밀성만 추구되었다. 논쟁 당시 기대승은 이제 막 성균관을 졸업하고 과거시험에 장원 급제하여 사회에 진출한 젊고 패기 있는 학자였다. 그리고 퇴계는 성균관 대사성을 역임한 당대 최고의 대학자였다. 하지만 8년의 논쟁 과정 내내 두 학자는 서로를 매우 존중하였고, 스물여섯 살이나 많은 대학사 퇴계는 처음부터 끝까지 어린 기대승을 깍듯하게 대하면서 존중하였으며, 기대승의 반론을 상당 부분 겸허히 수용하였다. 논쟁의 과정과 내용도 중요하지만, 당시 선비들에게 이 두 사람의 논쟁은 인간적인 면에서도 큰 감동을 주었다. 철학사의 측면에서도 이 두 사람의 논쟁을 통해 중국의 주자학이 한국의 성리학으로 새롭게 변화하는 기반이 구축되었으며, 우리나라의 유학 사상이 비약적으로 발전하는 계기가 되었다.

퇴계 이황의 사람들

마음으로 흠모한 인생의 모델, 정암 조광조

　조광조趙光祖(1482~1519, 호는 정암靜庵)는 성리학 정신을 정치에 실현하고자 하였던 당대 최고의 학자이자 정치가였다. 도량과 배포가 컸으며 성품이 맑고 강직하여 불의와 타협하지 않았다. 개인의 완성과 사회 발전의 양 측면을 동시에 추구하는 성리학 이념은 조광조로부터 본격적으로 실천되었다. 이렇게 개인적·사회적 실천성이 강화된 성리학을 도학道學이라 하는데, 정여창, 김굉필, 조광조를 거쳐 퇴계 이황과 율곡 이이로 도학의 맥이 이어진다.

　조광조는 재야에서 학문과 역량을 길러 중앙 조정으로 진출한 후 중종과 함께 정치 개혁을 추진하였다. 그는 16세기 초 재야의 젊고 유능한 지식인들, 곧 사림파를 대표하는 인물로 많은 선비의 지

지를 받았다. 그러나 조광조가 추구한 이상적인 정치는 위정자가
완벽한 도덕성과 역량을 갖추어야 함을 전제로 하였으므로 부패한
훈구세력과의 충돌은 불가피한 것이었다.

서른일곱에 성균관 대사성에 오를 만큼 승승장구하던 조광조
는 훈구파가 일으킨 기묘사화로 인해 귀양을 갔고 믿었던 중종마
저도 조광조를 애써 외면하였다. 그리고 임금의 부름을 기다리던
조광조에게 내려진 것은 복직 문서가 아닌 사약이었다. 조광조는
서른일곱의 나이로 다음과 같은 절명시絶命詩를 남기고 사약을 받았
다. 새로운 세상을 꿈꾸었던 많은 선비들도 조광조와 함께 스러져
갔다.

"임금님을 부모님처럼 사랑하였고, 나라와 백성을 집안처럼 걱
정하였네. 밝은 해가 어두운 땅 위에 떠올라 나의 진실한 충정을
비추어 주네."

퇴계는 19세에 문과 별시에 응시하기 위해 잠시 서울에 올라
왔다. 이때 퇴계는 조광조를 보고 그의 기품과 학식, 그리고 개혁
정치에 감명받았다. 그 후 퇴계는 많은 다른 선비들처럼 조광조를
가슴에 품고 그처럼 되고자 마음먹었다. 그러나 그해 말 조광조는
사사賜死되었고 퇴계는 조광조의 실패를 가슴 깊이 묻었다.

퇴계는 64세에 조광조의 행장行狀을 썼다. 행장은 죽은 사람의
생애를 정리하고 평가하는 글이므로 객관적이며 엄정한 시각을 기

초로 신중히 써야 한다. 그런데 그 대상이 조광조라면? 게다가 쓴 사람이 퇴계라면? 보는 사람의 입장에서 이것은 매우 흥미로운 일이다. 퇴계는 자신의 이상이었던 조광조의 삶과 학문을 어떻게 평가하였을까? 퇴계가 쓴 조광조의 행장을 요약해 보면 아래와 같다.

"정암 선생과 그를 따르는 선비들은 임금의 우대를 받으며 등용되어 개혁을 추진하였다. 그러나 너무 조급히 효과를 보려 하였고, 날카롭고 과격하였다. 기존 신하들의 반발로 사화가 촉발될 수 있는 상황이었으므로 일에 신중을 기했어야 했다. 선생은 일이 어긋날 것을 알고 물러나려 하였으나 여의치 않았다. 때문에 결국 사화가 일어나 선생을 비롯한 많은 선비가 희생되었으니 그 슬픔을 어찌 말로 다 할 수 있겠는가! 선생의 불행은 크게 세 가지이니, 학문과 수양이 완성되지 않은 상태에서 너무 갑작스럽게 발탁되고 급하게 승진되었던 것이 첫 번째 불행이다. 두 번째 불행은 벼슬에서 물러나려 하였으나 뜻대로 되지 않은 것이고, 귀양 가서 바로 생을 마감하여 후세에 선생의 가르침을 전할 수 없게 된 것이 세 번째 불행이다. 그러나 세상의 선비들이 왕도를 높이고 패도¹를 천히 여기며, 바른 학문을 숭상하고 이단을 배척하며, 정치는 반드시 자신을 바르게 하는 것으로부터 시작해야 함

---

1 왕도王道는 인仁과 의義를 바탕으로 백성을 위하는 정치를, 패도霸道는 술수와 힘을 바탕으로 부국강병을 추구하는 정치를 말한다.

을 알게 된 것은 모두 선생의 공이요 선생으로부터 비롯된 것이다."

위 행장에서 퇴계는 학문과 수양, 경험이 원숙하지 않은 상태에서 중책을 맡아 조급히 추진한 것을 조광조의 개혁이 실패한 원인으로 지목하였다. 그래서 퇴계는 조광조의 실패를 반복하지 않기 위해 학문과 수양을 더욱 원숙하게 하였다. 쉽게 물러나고 어렵게 나아감으로써 정치와 일정한 거리를 두었고, 신중히 일을 처리하면서도 다른 사람들의 의견과 입장도 충분히 이해하고 고려하였다. 그리고 물러나서는 연구와 교육에 매진하여 후세를 위해 올바른 학문과 수양의 길을 열어주었다.

율곡 이이는 퇴계가 타고난 자질과 도량에서는 조광조에게 미치지 못한다고 하였으나, 물이 너무 맑으면 고기가 살지 못하듯 학문과 처세를 원숙히 하면서 때를 기다린 것은 퇴계가 조광조의 실패로부터 배운 경세經世의 길이었다. 조광조는 퇴계와 율곡을 이끌어 낸 마중물이었다. 그리고 퇴계와 율곡으로부터 재상 유성룡, 의병장 조헌 등이 나와 임진왜란의 소용돌이에서 조선을 구하는 원동력이 되었다.

참으로 두려운 후배, 율곡 이이

벼슬을 버리고 연구와 교육에 힘쓰던 퇴계에게 1558년은 매우 뜻깊은 해였다. 훗날 10만 양병설을 포함하여 정치 혁신을 주도하였던, 그리고 퇴계와 함께 조선 유학의 양대 산맥으로 우뚝 설 율곡栗谷 이이李珥가 안동으로 퇴계를 찾아온 것이다. 그렇게 58세의 퇴계와 23세의 율곡은 한국 철학사에 길이 남을 만남을 갖게 된다. 사흘간 두 사람은 여러 학문적 주제로 깊이 토론하였고, 서로의 마음을 시詩로 주고받았다. 율곡은 퇴계의 학식과 인품에 감복하였고, 퇴계는 율곡의 천재성과 잠재력을 높이 평가하면서 학자로서 나라의 기둥이 되라고 당부하였다. 이때 퇴계는 율곡을 만난 소회를 '후생가외後生可畏'라고 표현하였는데, 이는 자신보다 한참 뒤에 태어난 후배이지만 참으로 두려워할 만하다는 뜻이다.

퇴계와 율곡은 교과서 등에서 철학적으로 대립한 관계로 묘사되는데, 연령 차이도 있고 서로 직접 토론이나 논쟁을 벌인 적이 드물어 대립적인 관계라고 보기는 어렵다. 퇴계를 종주로 하는 퇴계학파와 율곡을 종주로 하는 기호학파가 학문적·정치적으로 대립하였으나 학파의 문제이지 퇴계와 율곡 개인의 문제는 아니다. 다만 율곡은 시간이 흐른 뒤 퇴계의 학설 일부를 비판하였는데, 특히 본성이 스스로 움직여 선한 감정이 발현된다는 퇴계의 이발설을 모든 감정은 기氣가 발현한 것이라는 자신의 기발이승일도설로 비판하였다. 이 비판의 연장에서 율곡은 도덕 감정과 일반 감정을 구분하는 퇴계의 입장에 반대하고 도덕 감정도 일반 감정의 일부라고 하였다. 그럼에도 율곡은 퇴계가 이룩한 학문의 탁월함, 학자이자 교육자로서의 자세와 인품, 권력을 비롯한 세속의 가치를 도외시하는 참된 선비의 자세, 경敬으로 일관한 수양 등 모든 방면에서 퇴계를 존경하였다. 율곡 이후 율곡학파의 학자들도 이발설을 제외하고는 퇴계의 학문과 삶을 칭송하고 받들었으니, 퇴계는 조선시대 내내 학파를 떠나 모든 학자에게 존중받았다. 특히 율곡은 퇴계 사후에 유사遺事[2]를 써서 퇴계의 삶과 학문을 기렸는데, 그 내용을 간추리면 다음과 같다.

"선생은 성품과 도량이 따뜻하고 순수하여 옥과 같았으며, 과거에 급제하여 조정에 나아갔으나 벼슬살이를 즐기지 않았다. 을사사화에 간신의 시기로 관직이 삭탈되었으나 많은 사람이 선생이 누명을 쓴 것이라고 하면서 임금께 아뢰어 관직이 회복되었다. 선생은 간신의 무리가 권력을 잡는 것을 보고는 더욱 조정에 있을 뜻이 없어져 자주 사직하였다. 명종께서는 관직에 뜻을 두지 않는 선생의 인품을 기리어 품계를 계속 올리셨다.

옷과 음식은 최소한으로 만족했고 권세와 이익을 뜬구름같이 여기셨다. 명종 말년에 여러 차례 임금의 소명을 받았으나 계

2 죽은 사람에 관한 이야기로 후대에 남겨지는 고인에 대한 타인의 대표적인 추모의 글이다. 퇴계와 같은 대학자의 유사를 썼다는 것에서 율곡이 퇴계에 이어 조선 학계의 핵심으로 등장했음을 알 수 있다.

속 사양하고 조정에 오지 않자, 명종께서 '현인은 불러도 오지 않는구나'라는 제목으로 신하들에게 글을 짓도록 명하고 화공으로 하여금 선생이 살고 있는 도산을 그림으로 그려 올리라 명하기에 이르렀다. 임금이 선생을 우러러 사모함이 이와 같았다. 시골에 살면서 책 외에 다른 것은 남겨두지 않았고, 제자들의 질문에는 항상 아는 것을 모두 말해주되, 스스로 그들의 스승이라 여기지 않으셨다.

선조께서 처음 즉위하자 조정과 재야가 올바른 정치를 크게 바랐는데, 모두 선생이 아니면 임금의 덕을 성취할 수 없다고 생각하였다. 고향에 내려간 뒤로 정치에 관심을 두지 않았으나 그럴수록 민심은 선생께서 다시 조정에 나오기를 바랐다. 그런데 일흔에 갑자기 돌아가시자 조정과 재야가 애통해하였고 임금께서도 매우 슬퍼하여 영의정으로 추중하며 최고의 예로 장례를 치르라 명하였다. 아들이 선생의 유언을 받들어 국장을 사양하였으나 임금께서는 허락하지 않았다.

선생은 이 시대 유학자를 대표하시니, 정암 조광조 이후로는 선생과 견줄만한 분이 없었다. 재주와 국량은 선생이 혹 정암에게 미치지 못할 수도 있겠으나, 옳은 이치를 깊고 정밀하게 탐구한 것에 있어서는 정암이 선생을 따를 수 없을 것이다."

임진왜란을 지휘한 제자, 서애 유성룡

유성룡柳成龍(1542~1607, 호는 서애西厓)은 퇴계의 대표적인 제자 중한 사람이다. 그는 1562년 21세 때에 안동의 도산서당으로 퇴계를찾아가 가르침을 받았는데 같은 시기 함께 공부했던 사람 중에서도 가장 뛰어났다. 유성룡은 1563년(명종 18) 과거 초시에 합격하였고 1566년 25세의 나이로 대과에 급제하였는데 이는 퇴계보다 9년이나 빠른 것이었다. 이런 유성룡을 가르친 퇴계는 "이 청년은 하늘이 내린 사람이다.", "빠른 수레가 길을 가는 듯하다."라고 극찬하였다.

유성룡이 퇴계에게서 배웠던 기간은 길어야 2년이 되지 않는다. 그러나 스승과 제자가 한 곳에 기거하면서 깊은 유대를 바탕으로 집중적으로 학문을 주고받는 당시의 사제관계를 고려한다면 이는 결코 짧은 시간이 아니다. 이 기간 유성룡은 퇴계에게 단지 학문이나 지식만 전수한 것이 아니다. 유성룡은 퇴계의 수양과 예절, 남을 대하는 방법, 공감과 배려 능력, 수양의 자세 등을 모두 가까이서 깊이 보고 익혀 자신의 것으로 만들었다.

유성룡이 퇴계로부터 배운 학문과 삶의 자세는 훗날 유성룡이임진왜란이라는 초유의 국난을 당하였을 때 조정을 지탱하고 군대를 정비하여 일본을 물리칠 수 있었던 원동력이었다. 그리고 퇴계가 언제나 스스로를 성찰하면서 『자성록』을 남긴 것과 유성룡이임진왜란에 대한 반성의 기록인 『징비록』을 남긴 것은 우연이 아닐 것이다. 이렇게 퇴계의 학문과 삶을 고스란히 습득한 유성룡은 스승을 추모하면서 퇴계의 일대기를 정리하여 「연보」로 편찬하였다.

평생의 라이벌, 남명 조식

조식曹植(1501~1572, 호는 남명南冥)은 퇴계와 동갑으로 조선 전기의 대표적인 학자이다. 일찍부터 학문에 매진하여 성리학뿐만 아니라 천문, 지리, 의술, 군사 등에도 능통하였다. 25세 때에 『성리대전』을 읽고 성리학에 전념하였으나 기묘사화로 뜻있는 선비들이 희생되자 벼슬에 나가는 것을 단념하였다. 조정에서는 그의 역량과 인품을 높이 평가하여 여러 차례 관직을 제수하였으나 모두 거절하였다. 퇴계도 조식을 임금에게 추천하여 벼슬이 내려졌으나 역시 나아가지 않고 평생 학문과 수양에 집중하였다.

퇴계가 벼슬을 멀리하여 조정과 재야의 존경을 받았지만, 조식이 보기에 그러한 퇴계도 시류에 물들어 참된 선비의 길을 가지 못하는 사람이었다. 퇴계가 부드럽고 포용적인 선비의 표본이라면 조식은 강직하고 정의로운 선비의 표본이다. 문제가 있더라도 상대를 불편하게 하지 않으면서 조심스럽게 건의하는 퇴계와 달리, 조식은 당시 조정의 문제를 직설적이고 날카로우며 거친 언어로 비판하는 상소를 올려 임금의 분노를 샀다가 대신들의 옹호로 화를 면했을 만큼 곧고 거침이 없었다.

조식은 퇴계와 기대승의 사단칠정논쟁을 듣고는 일상의 기본적이고 소소한 일에서부터 수양해야 함에도 고원한 이치를 논하며 선비임을 자부한다고 퇴계를 비판하였다. 퇴계는 실천을 중시하면서 이론적 탐구도 강조하였으나 조식은 실천의 측면에 집중하였다. 조식은 허리에 칼을 차고 칼자루에 방울을 달아 움직일 때마다 울리는 방울 소리를 듣고 매번 자신의 몸과 마음을 바르게 할 정도였다. 이러한 조식에 대하여 퇴계는 오만하여 중용의 자세를 바라기 어렵고 노장사상에 물들었다고 비판하였다. 이에 대해 조식은 퇴계의 무리가 학문이라는 구실로 집안을 어렵게 하며 여러 사람에게 폐를 끼친다고 맞섰다.

조선 후기의 학계와 정치계는 큰 틀에서 율곡을 종주로 하는 기호학파, 퇴계를 종주로 하는 영남학파로 구분되지만, 영남권에서는 퇴계학파와 남명학파로 크게 구분될 정도로 조식의 학문적 영향력은 퇴계 못지않았다. 조선 후기 두 학파는 학문적, 정치적으로 경쟁하였는데, 퇴계학파는 인仁을 남명 학파는 의義를 중시하였다고 볼 수 있다. 동갑내기인 퇴계와 남명은 편지를 주고받으며 깊이 교류하였고 서로를 인정하면서도 비판하는 관계였음에도 어떤 이유에서인지 둘은 한 번도 만난 적이 없었다.

마음을 나눈 벗, 하서 김인후

김인후金麟厚(1510~1560, 호는 하서河西)는 전라도 장성 출신의 학자이자 관료이다. 호남 출신으로는 유일하게 문묘文廟에 배향된 학자로 호남 선비들의 자존심을 상징하는 인물이다. 어려서부터 전라도 지역의 수재로 이름이 났고, 퇴계보다 9세 연하이나 성균관에서 함께 공부하면서 두터운 교분을 쌓았다. 김인후는 퇴계의 학식과 인품을 흠모하며 따랐다. 성리학에 대한 조예가 깊어 퇴계와 자주 토론하였고 과거 급제 후에는 퇴계와 함께 독서당(사가독서)에 뽑힐 정도로 실력을 인정받았다. 성리학뿐만 아니라 천문, 지리, 음악, 수학에도 능하였다.

중종은 김인후의 학식과 인품을 고려하여 세자에게 경전을 가르치는 세자시강원世子侍講院 설서說書에 임명하였고 세자는 김인후에게 감화되어 매우 공경하며 따랐다. 김인후도 세자의 자질이 남다름을 알아보고 어질고 유능한 군주가 되도록 성심으로 세자를 가르쳤다. 세자와 김인후는 뜻이 맞았고 서로의 신뢰는 나날이 깊어졌다. 김인후의 가르침을 받은 세자가 중종에 이어 보위에 오르니 그가 인종이다. 인종은 수묵화를 잘 그렸는데 다른 사람에게는 자신의 솜씨를 드러내지 않았으나 김인후에게만은 직접 그림을 그려 하사하면서 그림 여백에 시詩를 써달라고 부탁하였다. 김인후는 시에서 자신을 그림 속 바위에 비유하고 인종을 바위 위에 뿌리 내린 대나무에 비유하면서 어진 임금을 받치는 든든한 바위가 되겠다고 맹세하였다. 이 그림이 유명한 묵죽도墨竹圖이다. 그러나 인종은 보위에 오른 지 여덟 달 만에 세상을 떠났다. 김인후는 인종이 죽자 더 이상 벼슬에 뜻을 두지 않았다. 조정에서는 계속 관직을 제수하면서 불렀으나 나아가지 않았고, 인종의 기일인 칠월 초하루면 어김없이 산에 올라 북쪽을 바라보며 통곡하였다.

퇴계와 기대승이 사단칠정논쟁을 벌일 때에 김인후는 퇴계를 직접 비판하지는 않았으나 퇴계의 주장이 명백히 틀렸다고 생각하였고 사단칠정에 대한 자신의 견해를 정리하였다. 사단칠정논쟁이 벌어질 때 기대승은 광주에 부임해 있었는데 인접한 장성의 김인후에게 조언을 받았다. 김인후가 죽은 뒤에도 기대승은 김인후가 남긴 글을 참고하여 퇴계와 논쟁을 지속하였다. 이제 막 과거에 급제하고 관직에 나아간 기대승은 퇴계와 대등하게 논쟁을 진행하였으나, 기대승의 뒤에는 김인후라는 걸출한 조력자가 있었다.

퇴계는 김인후에게 술을 줄이라고 조언하였다. 퇴계는 평생 술을 마시지 않았던 라이벌 조식과는 달리 청년 시절 사람들과 어울려 곧잘 술을 마셨고 만취하여 실수하거나 병에 걸리기도 하였다. 그러나 퇴계는 차츰 술을 자제하였는데 김인후는 그러지 못하여 퇴계가 걱정 어린 조언을 하게 된 것이다. 김인후는 퇴계보다 아홉 살 어렸으나 병약했던 퇴계보다 단명하여 쉰하나에 세상을 떠났다. 김인후를 일찍 여읜 퇴계는 도교의 수양법을 토대로 선비체조를 개발하여 몸소 실천하였고, 자연을 벗 삼아 산책하며 사색하는 등 심신의 건강을 위해 노력하였다. 퇴계는 1610년에 문묘에 배

향되었으나 김인후는 그 후 180여 년이 지난 1796년에 정조 임금
에 의해 퇴계의 곁에 배향되었다.

8년의 논쟁, 고봉 기대승

기대승奇大升(1527~1572, 호는 고봉高峯)은 전라도 광주 출신의 관료
이자 학자이다. 기대승은 서른하나에 전체 4등으로 대과에 급제하
였는데 자신의 학문과 수양이 아직 완성되지 않았다고 여겨 한가
하고 책임이 적은 자리를 요청하였다. 그러나 퇴계를 비롯한 여러
대신이 기대승을 추천하고 조정에서도 능력을 인정하여 비교적 젊
은 나이에 성균관 대사성, 대사간, 좌승지 등 고위 요직을 두루 역
임하였다.

기대승은 과거에 급제하던 해에 퇴계가 수정한 「천명도天命道」
를 보았고, 마침 서울에 와 있던 퇴계에게 「천명도」에 표시된 사단
四端과 칠정七情의 관계에 대해 반론을 제기하면서 사단칠정논쟁에
불을 붙였다. 사단칠정논쟁은 도덕 감정과 일반 감정이 어떻게 발
생하며 서로 어떤 관계에 있는가를 주제로 한다. 퇴계는 사단과 칠
정은 별개이며 이理 곧 본성이 발현하여 사단이 된다고 주장하였
고, 기대승은 도덕 감정인 사단은 일반 감정인 칠정의 일부이며 모
든 감정은 기氣의 작용으로 발생한다고 반박하였다. 기대승은 휴가
로 고향 광주에 있을 때 김인후를 찾아가 사단칠정에 관하여 물으

니, 김인후는 기대승의 주장에 찬성하였다. 이후 사단칠정논쟁을 진행하면서 인근의 김인후에게 자주 찾아가 질문하였고, 김인후는 기대승에게 매우 정밀하고 투철하게 사단칠정 관련 문제를 분석하고 조언해 주었다. 논쟁이 시작되고 3년 후 김인후는 세상을 떠났고 기대승과 퇴계의 논쟁은 5년 더 지속되었다. 논쟁 후 퇴계와 기대승은 서로의 주장을 일부 수용하였다.

자신을 반대하는 사람과는 사이가 나빠지게 마련이다. 그러나 퇴계와 기대승은 8년 넘게 치열하게 서로의 견해를 반박하며 논쟁하였지만 둘은 누구보다도 서로 신뢰하는 사이로 남았다. 퇴계는 벼슬을 그만두고 낙향하면서 조정에 꼭 필요한 참신한 인재로 기대승을 선조에게 추천하였다. 퇴계는 자신의 근거지인 영남에 자신을 따르는 제자와 문인들이 많았음에도 8년간 자신을 궁지로 몰아갔던 호남의 기대승을 추천한 것이다. 이보다 앞서 선조가 즉위하자 기대승은 다음과 같이 건의하였다.

"새 조정은 현인을 모시는 것을 최우선으로 하고, 현인을 정성을 다해 대접해야 합니다. 퇴계는 학문과 도덕을 겸비하였으므로 전하께서 성인의 학문과 정치의 올바른 길을 배우는 데에 매우 큰 도움이 될 것입니다. 우리나라에서 고금을 통틀어 이분과 견줄만한 사람은 아직 없습니다."

퇴계는 늘 겸손하여 이름이 헛되이 알려지는 것을 매우 경계하였으므로 기대승이 이와 같이 말한 것을 부담스러워했다. 그래서 퇴계는 죽기 전에 묘비에 '물러나 학문을 닦은 이퇴계의 묘'라고만 쓰라고 당부하면서 기대승에게 묘비명을 맡기지 말라고 하였는데 그가 불필요하게 포장하고 장황하게 쓸 것을 염려했기 때문이다. 그러나 퇴계가 죽자 조정에서는 논의 끝에 기대승에게 퇴계의 묘비명을 쓰도록 하였고, 퇴계의 염려대로 기대승은 매우 길고 화려한 문장으로 비석을 꽉 채웠다.

퇴계는 동방의 공자, 성호 이익

이익李瀷(1681~1763, 호는 성호星湖)은 조선 후기의 대표적 실학자이다. 25세에 과거에 급제하였으나 친형이 당쟁으로 희생되자 관직을 버리고 연구와 교육에 전념하였다. 영조는 이익의 명성을 듣고 관직에 임명하였으나 또한 사양하였다. 학문으로 일가를 이루어 성호학파를 형성하였고, 『동사강목』을 지은 안정복安鼎福(1712~1791), 『택리지』를 지은 이중환 등 걸출한 제자들을 배출하였다. 또 이익의 학통은 정조 때의 명재상 채제공, 실학을 집대성한 다산 정약용 등으로 이어진다.

이익의 실학에는 퇴계의 학문이 녹아 있다. 퇴계를 본받고자 하였던 수많은 학자와 관료 중에서도 이익의 퇴계에 대한 존경과 연구는 단연 으뜸이었다. 이익은 퇴계의 학문을 충실히 계승하고 이를 바탕으로 유학의 현실적 유용성을 극대화하는 실학을 발전시켰다. 이익은 제자 안정복과 함께 퇴계 학문의 핵심을 모은 『이자수어李子粹語』를 지었는데, 여기서 이李는 퇴계이고 자子는 공자孔子·맹자孟子처럼 성인의 경지에 오른 사람에게 붙이는 존칭이다. 안정복은 다음과 같이 말하였다.

> "책이 다 되자 선생(이익)께서 책 이름을 '『이자수어』'로 하라고 말씀하셨다. '자子'는 후세가 스승으로 받들고 존경하는 사람에게 붙이는 극존칭인데, 우리 동방 사람이 존숭하고 흠모할 분 중에 퇴계보다 앞설 사람이 없으므로 '이자李子'라고 붙였으니, 누구도 여기에 이의를 제기할 사람은 없을 것이다."

이익은 또한 다음과 같이 말하였다.

> "우리나라에 퇴계가 있는 것은 중국에 공자가 있는 것과 같다. 우리나라의 학자로는 퇴계보다 나은 분이 없다. 그래서 사람들은 항상 퇴계의 학문 방법을 본받고자 한다."

조선왕조실록의 기록

　　『조선왕조실록』에 실린 퇴계 이황과 『성학십도』에 관한 기록은 거의 700건에 이른다. 여기서는 그중 살펴볼 만한 기록을 약간 소개한다. 『실록』의 문체를 살리기 위해 의역을 최소화하였고 불필요한 부분은 과감히 삭제·축약하였다.

중종 36년 9월 25일 무신 (1541년)

　　○ 석강에 나아가 시독관 이황에게서 영평현의 수재 상황에 대해 듣다.

석강[3]에 나아갔다. 시독관 이황이 아뢰기를,

"신臣이 영평현에 도착하니 그곳의 수재가 매우 심하여 산골의 밭은 모두 무너지거나 엎어졌고, 물가의 논은 떨어져 나가 거의 없었으며, 수심에 싸인 백성은 생업을 잃고 떠돌았습니다. 신이 돌아올 때 사람들이 몰려와서 말하기를 '가뭄이 들었던 땅은 다음 해에는 희망을 걸 수 있으나 수재를 당하면 다음 해를 기약할 수 없다. 근처 강무장講武場을 영구히 경작하게 해주면 유민들은 소생할 수 있겠다.' 하였습니다. 신의 생각에 영평은 길가의 보잘것없는 읍입니다. 전답이 없고 주민이 적은 곳으로 남은 백성마저 모두 떠돌게 되면 읍으로서 구실을 하지 못하게 됩니다. 강무에 필요한지는 신이 알 수 없으나, 다만 들은 바대로 아룁니다."

하니, 상[4]이 이르기를,

"선대에 조성한 강무장을 경솔히 처리할 수는 없다. 대신들과 의논하라."

하였다.

---

3 고려·조선시대 왕은 신하들과 주기적으로 학문과 정사에 대해 공부하고 토론해야 했는데 이를 경연經筵이라 한다. 경연은 아침에 하는 조강朝講, 낮에 하는 주강晝講, 저녁에 하는 석강夕講으로 구분된다. 경연에서 경전이나 특정 주제의 강독과 설명을 맡은 관리를 시강관 또는 시독관이라 하는데 보통 학문이 뛰어난 관리가 겸직한다.
4 조선시대에 신하들은 임금을 칭할 때 보통 '상上'이라고 하였다.

명종 2년 9월 27일 을해 (1547년)

○ 시강관 이황이 변방의 시장을 열도록 하라고 청하다.

시강관 이황이 아뢰었다.

"변방의 시장은 백성들이 장사에만 치중하고 도적도 번성하기 때문에 나라에서 금하였습니다. 그러나 지금은 흉년이 심하게 들었습니다. 백성들은 시장에서 교역하여 살아가는데, 지금 시장을 금하면 백성들이 어떻게 살아갈 수 있겠습니까. 신이 보건대 금년에 재해를 당한 곳에는 벼가 모두 썩었고 밭곡식도 폭풍과 냉해를 입어 백성들이 먹을 것이 없습니다. 예로부터 흉년이 든 해에는 시장에서 장사하는 것을 금하지 않아 서로 도와가며 급한 것을 구제하게 하였습니다. 이러한 흉년에 시장을 금한다면 백성들이 매우 괴로울 것이니 금하지 않는 것이 어떻겠습니까. 그리고 내년 정월부터 질이 나쁜 베를 금하게 하였는데, 금하는 자체는 마땅한 것입니다. 그러나 새로 짠 베가 나온 다음에야 이전의 질이 나쁜 베를 금할 수 있을 것입니다. 금년에는 목화가 전혀 없는데 어떻게 새로 짠 베가 있겠습니까. 만약 금한다면 백성들이 어떻게 살 수 있겠습니까. 시행되지 않을 것을 알면서도 그 법을 제거하지 않는다면 이는 백성으로 하여금 법을 무시하게 만드는 것이니, 우선은 금하지 않는 것이 어떻겠습니까?"

명종 8년 4월 24일 기해 (1553년)

○ 이황·허엽·박민헌 등에게 관직을 제수하다.

이황을 통정대부 성균관 대사성으로 삼았다.

【사신史臣[5]의 부연: 이황은 사람됨이 영민하고 학문이 높았다. 『소학』으로 자질을 길렀고 종일토록 단정히 앉아 의관이 흐트러지지 않았으며 행동과 언어를 반드시 때에 알맞게 하였다. 성리性理의 근원을 깊이 탐구하여 한 시대 사림士林의 영수領袖가 되었다. 벼슬살이를 즐기지 않아 늘 전원으로 돌아갈 뜻이 있었으나 주상이 여러 차례 기용하므로 어쩔 수 없이 조정에 벼슬하였다.】

명종 8년 5월 8일 계축 (1553년)

○ 대사성 이황이 자신의 체직遞職을 청하다.

대사성 이황이 아뢰기를,

5 『실록』의 초안을 쓰는 관리이다. 사관史官이라고도 한다. 왕과 조정의 일을 기록한 사관이 누구인지는 절대로 알 수 없다. 공정하고 소신 있게 기록하기 위해서 사관이 누구인지는 영원히 비밀에 부친다. 그리고 임금은 사관의 기록에 절대로 손댈 수 없다.

"신이 잘못 성균관의 장이 되어 그 도리를 다하지 못하였는데 유생들이 학문을 게을리한다는 말이 나오니, 신을 체직하고 다시 명망 있는 사람을 임명하셔서 거느리게 하소서."

하니, 전교하기를,

"유생들이 학문을 게을리한 것이 오래되었다. 그대가 성균관을 맡은 후에 이러한 물의가 있는 것이 아니니 사직하지 말라."

하였다.

【사신史臣의 부연: 이황은 기질이 뛰어나고 총명하며 슬기롭고 가을 달·얼음 항아리같이 깨끗하고 위엄이 있는 사람이다. 평온한 마음으로 자신을 지키고 조용히 수양하면서 물러나 도를 간직하는 데 뜻이 있었으며 벼슬에는 전혀 뜻이 없었다. 그의 학문은 주로 궁리窮理와 정심正心이고, 주자·공자·맹자를 본받았으며 책 속에 파묻혀 성현의 가르침을 펼치는 것을 자기의 임무로 여겼다. 조용하고 화순하여 일상생활의 모든 것이 저절로 법도에 맞았다. 을사사화 때 모함을 받자, 벼슬을 버리고 고향으로 돌아갔는데 누차 관직을 주고 명하므로 억지로 직위에 나왔다.】

명종 10년 3월 21일 병진 (1555년)

○ 야대에 나아가니 경연관들이 병으로 낙향한 이황의 조행操行

과 지조를 아뢰다.

　　상이 야대[6]에 나아갔다. 전경典經 이귀수가 아뢰기를,

　　"이황이 병으로 내려간 지 거의 한 달이 됩니다. 이황의 사람됨과 문장과 조행은 한 시대에 존중받는 바로서 국가에 반드시 필요한 사람입니다. 이황이 병으로 고향에 돌아갔는데 상께서 모른 체 하시니, 신이 경연에 있으므로 아뢰지 않을 수 없습니다. 지금 작은 관직이라도 사람들은 모두 하려고 하는데 이황은 욕심 없이 물러갔으니 만일 이러한 사람을 높이고 장려한다면 선비들의 습속이 격려될 것입니다."

　　하였다. 시독관 신여종이 아뢰기를,

　　"이귀수가 아뢴 말이 꼭 맞는 말입니다. 이황이 돌아간 것은 아주 돌아간 것이 아니라 병으로 내려갔다고 합니다. 그러나 돌아오는지는 알 수 없습니다. 그는 문장이 뛰어나나 그보다도 행실이 매우 고매하므로 사람들이 추앙하여 중히 여기고 온 세상이 귀하게 여깁니다. 안정되고 조용하게 자신을 지켜 벼슬이 없었던 때처럼 담담하고, 조정에 있게 된 지 이미 오래이지만 살 집도 장만하지 않고 셋집에서 살고 있습니다. 이러한 사람은 진실로 아름답게 여기며 숭상해야 할 것이니, 반드시 높이고 장려하여 다시 부른다면

6　임금이 학문 연마와 정사 논의를 위해 밤에 명망 있는 신하를 따로 불러 강론이나 토론하는 것을 이른다. 야대夜對도 넓게 보면 경연의 연장이라 할 수 있다.

선비들의 습속이 격려되어 탐심 많은 사람은 청렴해지고 나약한 사람은 뜻을 굳게 가지게 될 것입니다."

하니, 상이 이르기를,

"이황은 단지 글만 잘하는 것이 아니라 조행과 청렴한 지조가 있으니 지극히 가상하다. 다만 병을 핑계로 사직하는 줄로 알았지, 내려간 줄은 알지 못했다."

하였다.

명종 10년 5월 7일 경자 (1555년)

○ 이황에게 다시 하서하라고 전교하다.

승정원에 이황에게 다시 하서下書하라 하고 다음과 같이 전교하였다.

"오직 그대는 문장의 재주를 독점하고 청렴 근신한 덕을 갖추었기에 반드시 서울에 있게 하여 자문을 구하고자 하였는데 어찌하여 병으로써 갑자기 시골로 물러가 버렸는가? 지금 그대가 올린 글을 보고 병으로 돌아오지 않는 연유를 알게 되었으니 내 마음이 서운하다. 첨지중추부사에 제수한 것을 꺼리지 말고 마음 편히 조리하다가 조만간에 올라오라."

【사신史臣은 논한다. 옛 성스러운 황제와 밝은 임금들이 선비를 맞아들이고 초야草野의 인재를 초빙하는 것은 단지 작위와 녹봉으로만 하는 것이 아니며, 선비가 마음을 돌리는 것도 역시 그것 때문이 아니다. 오직 목마를 때 물을 찾는 것 같은 임금의 성심誠心만이 족히 그들의 숨어 살려고 하는 굳은 뜻을 감동하게 할 수 있는 것이다. 지금 이황은 높이 날아가 버렸거나 영원히 가버린 사람이 아니다. 세상이 자신과 맞지 않고 일의 형세가 마음과 어그러지므로 병으로 사양하고 시골로 돌아간 것이니, 어찌 그가 물러가지 않을 수 있겠는가? 만일 상이 지성스럽고 간절한 마음으로 글을 내리어 물러가 있는 이황을 부른다면 그은 반드시 감동하여 조정으로 돌아올 것이다. 지금도 상은 일반적 사례에 따라 단지 형식적인 글을 내리고 목마를 때 물을 찾는 것 같은 간절한 성의가 없으니, 이황이 오지 않을 것임을 알 수 있다.】

명종 10년 11월 7일 무술 (1555년)

○ 참찬관 박민헌이 이황과 김인후를 부를 것을 아뢰다.

상이 야대에 나아갔다. 참찬관 박민헌이 아뢰었다.

"신과 같은 자가 글의 뜻도 모르면서 경연관으로 있으니 비록 성심으로 한다고 하여도 상께 도움이 되는 바가 없습니다. 이황은 선현의 글을 많이 읽고 학문에 힘쓴 사람으로 병이 있어 산림山林을 가까이하고 세상에 욕심이 없습니다. 그러므로 조정에 불러도 벼슬살이를 어렵게 여겨 도로 물러갑니다. 이런 사람을 특진관으로 삼아 경연에 으레 참여하게 하여 토론한다면 도움이 많을 것입니다. 그리고 김인후는 오직 독서를 일로 삼으니, 경연에 참석시킨다면 틀림없이 상을 돕고 인도할 수 있을 것입니다."

【사신은 논한다. 유신儒臣으로 이황·김인후 같은 이가 있었으나, 발탁하여 등용해서 임금과 토론하는 위치에 두지 않고 그들로 하여금 시골로 물러나도록 하였으니, 어찌 크게 잘못된 정사政事가 아니겠는가.】

명종 10년 윤십일월 22일 계미 (1555년)

○ 예조판서 홍섬이 사장師長[7]의 임무를 사양하는 이유를 아뢰다.

예조판서 홍섬이 아뢰기를,

---

7   스승의 우두머리라는 뜻으로 국립 최고 학부인 성균관의 대사성이나 겸직인 동지성균관사 同知成均館事를 지칭한다. 홍섬은 본직인 예조판서 외에 겸직으로 동지성균관사에 임명되어 있었다.

"성균관은 인재를 교육해 조정의 기용에 대비하니 이른바 현명한 선비가 여기에서 나오는 것입니다. 선비를 양성하는 근본은 실로 사장師長에게 달려 있고, 그의 현명함 여부에 인재의 성쇠가 달려 있으니 정밀하게 선발하고 가려서 맡겨야 합니다. 그런데 신과 같은 자가 그 자리에 있으니 학교가 부흥되지 않고 인재가 예전 같지 않은 것이 무엇이 이상하겠습니까? 뻔뻔하게 사장의 자리에 있으면서 사양하려 하지 않고 가만히 앉아서 유생들을 해이해지게 하여 보는 사람마다 탄식하고 있으니 신의 죄가 큽니다. 신의 직임을 체임하시고 대신들에게 물어 적임자를 선임하소서."

하니 전교하기를,

"경의 학식이 부족하지 않은데 어찌 그 임무를 감당하지 못하겠는가. 굳이 사양하지 말고 그 직분을 다할 것을 생각하라."

하였다.

【사신은 논한다. 홍섬은 학문과 문장에서 명망이 있음에도 사양하였으니 성균관을 감당할 만한 자가 없는 것이다. 만약 이황을 불러 승진시켜 임명한다면 모범이 되어 자연히 유생을 이끌 수 있을 것인데, 병이 있다 아뢰고 한 번 떠나가자 다시 올라오도록 부르지 않았으니 훌륭한 사람을 대우하는 도리를 다하였다고 할 수 있겠는가. 이와 같이 하면서 어떻게 학교가 진흥되고 인재가 육성되기를 바랄 수 있겠는가.】

명종 11년 3월 21일 경진 (1556년)

○ 영경연사 윤개가 이황을 경영관에 추천하나 답하지 않다.

상이 조강朝講에 나아갔다. 영경연사 윤개가 아뢰기를,

"신이 듣기로는 이황의 사람됨이 학식과 조행操行에 재주를 겸비하였다 하니 이런 사람은 쉽게 얻을 수가 없습니다. 아직 노쇠한 나이가 아닌데도 병 때문에 조정에 있기가 어렵다고 하면서 고향에 내려가 있으니 잊지 마시고 기용하소서. 고향에 내려간 지 이미여러 해가 되었으니 병 또한 차도가 있을 것입니다. 신은 이황을 만나보지 못하였습니다만 사람들이 모두 기용할 만하다고 합니다."

하였는데, 상이 답하지 않았다.

【사신은 논한다. 지금 시대에 훌륭히 상上을 이끌 만한 자는 곧이황이다. 비록 병을 핑계로 물러가 있지만 마땅히 여러 번 불러 기용하여 상과 토론하고 조언하는 자리에 임명해야 한다. 대신과 시종이 비록 누차 아뢰었으나 상이 유념하지 아니하니 애석하기 그지없다.】

명종 13년 6월 9일 을유 (1558년)

○ 이황에게 간절히 부르는 뜻을 전하다.

상이 승정원에 전교하였다.

"이황을 간절히 부르는 뜻을 경상 감사에게 전하여 서울로 올라오게 하라. 이황은 집에 부리는 하인이 없다고 하니, 적당히 조처하여 주라고 해조에 말하라."

【사신의 부연: 앞서 정사룡이 아뢰기를 "이황은 재주와 행실이 아울러 갖추어져서 사람들에게 존중받아 온 지 오래되었습니다. 이 사람은 본디 성품이 조용하고 겸손하며 기질이 미약하므로 번거로운 일을 싫어하고 한가하고 고요한 것을 좋아합니다. 이황은 청빈으로 자기를 지키므로 서울에 있을 적에도 본디 집에서 부리는 하인이 없으므로 땔나무도 대기 어려웠습니다. 이것은 그의 개인 사정일 뿐이므로 상께 아뢰기 적절치 않으나 상께서는 아랫사람의 사정을 마땅히 아셔야 하겠으므로 감히 아룁니다. 또 대궐에 붙은 현판이나 주요한 문서들을 모두 이황이 썼고, 『주역』에 밝으므로 경연에 나오게 하면 큰 노움이 있을 것이니, 감사에게 하서하여 상께서 간절히 부르는 뜻을 전하심이 어떠하겠습니까?" 하였다.】

명종 20년 12월 26일 기축 (1565년)

○ 전 참판 이황에게 하서하여 조정에 부르다.

상이 전 참판 이황에게 하서下書하였다.

"내가 영민하지 못하여 현자를 좋아하는 성의가 없었던 것 같다. 전부터 여러 번 불렀는데 늙고 병들었다는 이유로 사양하고 있으니 내 마음이 편치 않다. 경은 나의 지극한 마음을 알아 역말을 타고 올라오라."

【사신은 논한다. 이황은 기질이 순수하고 학문이 정명해 성현의 글을 깊이 연구했고 하늘과 사람의 이치에 통달했다. 그는 깊이 수양하여 청렴결백함을 스스로 지켰고 불의를 행하지 않아 사람들이 모두 그의 풍모를 선망했다. 급류처럼 어지러운 세태에서 용감히 물러나 자연에서 소요하였다. 참다운 지식의 축적과 힘써 행함의 꾸준함으로 나이가 들수록 덕이 더욱 높아져 한 시대의 현사賢士라 이를 만하다. 그러나 이황이 비록 아는 바를 상에게 진언하고자 하여도 상이 궁궐에 깊이 앉아 한 번도 그를 불러보지 않는 데야 어찌할 것인가. 나중에 정유길이 성균관 동지를 사직하며 '학문과 문장에는 뚜렷이 적임자가 있다'고 하였으니, 그 적임자가 이황을 가리키는 것인데도 상은 또 이에 따르지 않았다. 이와 같은데 임금의 덕을 성취하고 선비의 풍조를 새롭게 하는 것을 바랄 수 있겠는가.

현인이라고 불러 놓고는 현인으로 대우하지 않으니, 이것이 이황이 평생토록 조정에 나아오지 않으려는 이유였다.】

선조 즉위년 10월 16일 정유 (1567년)

○ 허엽이 이황을 스승으로 모시라고 청하다.

허엽이 아뢰기를,

"예로부터 제왕은 훌륭한 스승을 얻어 학문을 한 뒤에야 사업이 다른 사람보다 뛰어났습니다. 이황이 병이 있어 귀향하기는 했지만, 상께서 공경을 다 하고 예를 극진히 해서 스승으로 삼으려 하신다면 오게 될 것입니다."

하니, 상이 이에 따라 교서를 내려 이황을 특별히 불렀다.

선조 즉위년 11월 4일 을묘 (1567년)

○ 조강에서 『대학』을 강론했는데 이황이 『소학』을 강조하면서 기묘사화에 희생된 선유先儒를 기렸다.

조강朝講을 하였다. 이황이 아뢰기를,

"옛사람들은 먼저 『소학』을 읽어 본바탕을 함양했기 때문에 『대학』에서는 『소학』의 뜻을 이어서 격물치지格物致知를 먼저 제시한 것입니다. 후세 사람들은 『소학』을 읽지 않기 때문에 학문에 근본이 없어 격물치지의 효과를 알지 못합니다. 『소학』은 비단 어린 사람들뿐만 아니라 장성한 사람들도 읽어야 할 책입니다. 우리나라에서 『소학』은 김굉필에 의해 세상에 크게 유행하게 되었습니다. 기묘년에는 사람들이 모두 『소학』을 근본으로 여겼는데 불행하게도 현인과 군자들이 사화의 그물에 빠지게 되었기 때문에 지금 민간에서는 『소학』을 읽는 사람이 없으니, 이것은 교화가 밝지 못해서 그렇게 된 것입니다. 상께서는 지금 『대학』을 진강하고 계시지만 『소학』 역시 유념해서 보셔야 합니다."

선조 1년 8월 7일 갑신 (1568년)

ㅇ 이황이 6조목의 상소를 올리니 상이 수용하다.

이황이 6조목의 상소[8]를 올리니, 상이 답하였다.
"내가 상소를 보고 여러 번 깊이 생각해 보건대 경의 도덕은

---

8 「무진육조소戊辰六條疏」이다. 무진년(1568) 여름 퇴계는 정치의 여섯 가지 핵심을 요약하여 선조에게 올렸다.

옛사람과 비교해 보아도 견줄만한 사람이 적을 것이다. 이 6조목은 참으로 천고의 격언이며 현재의 급선무이다. 내 비록 인품이 하찮지만, 어찌 가슴에 지니지 않을 수 있겠는가."

선조 1년 12월 1일 을해 (1568년)

○ 이황이 『성학십도』를 올리다.

이황이 『성학십도聖學十圖』를 올렸는데, 1. 태극도, 2. 서명도, 3. 소학도, 4. 대학도, 5. 백록동규도, 6. 심통성정도, 7. 인설도, 8. 심학도, 9. 경재잠도, 10. 숙흥야매잠도였다. 상은 그것이 학문과 수양에 매우 긴요하고 절실한 것이라 하여 그것을 병풍으로 만들라고 명하여 이를 보면서 반성하였다. 그때 이황은 돌아갈 뜻을 이미 결정했기 때문에 이 도圖를 만들어 올리며 "제가 나라에 보답할 것은 이 그림뿐입니다."라고 하였다.

신조 2년 3월 1일 을사 (1569년)

○ 중추부 판사 이황이 병을 이유로 귀향하다.

중추부 판사 이황이 병을 이유로 귀향하였다. 이황 자신이 노병을 이유로 시골로 돌아가게 해줄 것을 간곡히 청하면서 계속 상소를 올리니 상이 두세 번 간곡히 만류하였으나, 이황은 더욱 강력히 물러가기를 청하였다. 상이 이르기를,

"경은 지금 돌아갈 것인데 무슨 하고 싶은 말이 있는가?"

하니, 이황이 대답하기를,

"옛 현인이 '잘 다스려지는 때가 걱정스럽고 명석한 임금이 오히려 위태롭다'고 하였습니다. 명석한 임금은 남보다 뛰어난 자질이 있고 잘 다스려지는 때에는 걱정할 일이 없으므로, 임금은 독단으로 대중을 제어하면서 신하들을 경시하는 마음을 갖게 되고 따라서 교만한 마음이 생기기 때문입니다. 지금이 비록 잘 다스려지고 태평한 시대인 듯하나 남과 북으로 외적이 침입할 위험이 있고 백성의 삶은 지쳐 있습니다. 상께서는 자질이 고명하시어 신하들의 능력이 상에게 만족스럽지 못할 수 있기 때문에, 일을 논의하고 처리하는 과정에서 독단으로 이끌어가려는 조짐이 없지 않으므로 그 점이 염려스럽습니다. … 신이 얼마 전 올렸던 『성학십도』는 신의 사견이 아니라 모두 선현의 말씀들이며, 『성학십도』에 관한 공부는 신이 『성학십도』 서문에서 말씀드렸듯이 생각하고 배우는 두 가지를 함께 힘쓰는 것이 중요합니다."

하였다. 상이 다시 하고 싶은 말을 묻자 대답하기를,

"예로부터 임금이 보위에 오른 초기에는 정직한 인물들이 등용되므로 임금의 과실을 바로잡기 위한 조언을 많이 하게 되는데

임금은 곧 이에 대하여 싫증을 내게 마련입니다. 이때 간사한 무리가 그 기회를 노려 온갖 아양을 부리게 되는데, 그러면 임금은 마음속으로 만약 이런 사람을 임용하면 내가 하고 싶은 대로 다 할 수 있겠다고 여겨 그때부터 소인배와 합하게 되니 정직한 사람은 손 쓸 곳이 없게 됩니다. 사태가 이에 이르면 소인배가 득세하여 못하는 짓이 없게 되는 것입니다. 지금은 보위에 오르신 초기라서 상께서는 모든 조언에 대해 귀를 기울이고 계시므로 큰 문제가 없습니다. 그러나 세월이 흘러 상의 마음이 혹시라도 달라진다면 꼭 지금과 같으리라고 어떻게 보장할 수 있겠습니까? 만약 그리된다면 그때는 간사한 무리가 필시 승세를 타게 되어 지금과는 크게 달라질 것입니다. 당나라 현종의 초기에는 어진 신하가 조정에 가득하여 태평을 이루었으나 간신들은 점차 현종이 욕심 많은 것을 알고는 그것을 이용하자 군자는 모두 떠났고 소인배만 남게 되어 끝내 나라를 망하게 하는 난을 일으켰습니다. 똑같은 임금인데 마치 두 사람인 양 달랐던 것은, 현종이 처음에는 군자와 마음이 맞았다가 끝에 가서는 소인과 친했기 때문입니다. 바라건대 상께서는 이 점을 큰 경계로 삼아 선한 사람들을 보호하여 소인배들이 모함하지 못하도록 하소서. 이것이 바로 나라와 백성을 복되게 하는 길입니다."

하니, 상이 이르기를,

"경이 아뢴 바를 내 마땅히 경계로 삼으리라."

하였다. 또 묻기를,

"경은 조정의 신하 중에 추천할 만한 자가 있겠는가?"

하니, 대답하기를,

"오늘날 대신의 지위에 있는 이들은 모두 맑고 겸손하며 정승 또한 매우 훌륭한 사람입니다. … 학문에 밝은 신하는 추천하기 어려우나 기대승 같은 사람은 책을 많이 읽었고 견해가 초월의 경지에 도달하여 유학에 통달하였다고 할 수 있습니다. 다만 수양은 아직 좀 부족합니다."

하였다.

【사신의 부연: 이황이 귀향할 때 선비들이 모두 서울을 비우다시피 나와 전송하면서 작별의 정을 나누었다.】

【사신의 부연: 상이 처음 즉위했을 때는 영명하여 온 나라가 상의 덕이 성취되기를 기대하였다. 그런데 얼마 안 되어 세상의 말들이 날마다 어전에 난무하니 상의 뜻이 유혹되지 않을 수가 없었다. 이황이 입조하여 언제나 성현의 학문으로 상을 인도했기 때문에 상이 이황을 사랑하고 공경했지만, 상은 마음을 비우고 자신을 반성하는 모습이 없었다. 그리하여 이황은 원래 물러갈 마음을 가지고 있었는데 상을 보고는 도道가 행해지기 어렵다는 것을 알았기 때문에 사양하고 물러가기를 청하였고, 조정과 백성들은 이황의 물러남을 매우 아쉬워하였다.】

선조 3년 12월 8일 갑오 (1570년)

○ 숭정대부 중추부 판사 이황의 졸기卒記[9]

숭정대부 중추부 판사 이황이 졸卒하였다. 상은 그에게 영의정을 추증하도록 명하고 부의賻儀를 예禮에 따라 내렸다.

이황이 아들에게 이르기를,

"내가 죽으면 조정에서 틀림없이 예장禮葬을 하도록 청할 것인데 너는 반드시 나의 유언이라 하고 끝까지 사양하라."

하였다. 그로부터 며칠 후 죽었는데 아들이 두 번이나 예장을 사양하였으나 상은 허락하지 않았다.

이황은 타고 난 바탕이 순수하고 아름다웠으며 재주와 식견이 뛰어났다. 어려서 아버지를 여의고 자력으로 학문을 하였는데, 성균관에 들어가서는 남의 조롱이나 비웃음 따위는 아랑곳하지 않고 고상한 뜻과 차분한 마음을 지켰다. 비록 늙은 어머니를 위하여 과거를 통해 벼슬을 하였으나 벼슬살이를 좋아하지 않았다. 참된 지식을 추구하고 실천을 위주로 하여 여러 학문에 널리 통달하였다. 도가 이루어지고 덕이 확립되자 더욱더 겸허하였으므로 그에게 배

---

9 『실록』에는 졸기卒記라는 기록이 있는데, 대개 관직명에 이어 '아무개 졸'이라 쓴 뒤 사관이 졸한 사람에 대한 조정과 세간 혹은 자신의 평을 쓴 글이다. 졸卒은 대부大夫 이상의 고위 관료나 사회적으로 명망 있는 사람의 죽음을 칭하는 용어이다.

우려는 학자들이 사방에서 모여들었고 모든 선비가 그를 흠모하였
다. 논자들에 의하면, 이황은 이 세상 유학자들의 우두머리로서 조
광조 이후 그와 겨룰 자가 없으니, 이황이 재주나 국량에 있어서는
조광조에 미치지 못하지만, 정의와 이치를 깊이 파고들어 정밀한
경지까지 이른 것은 조광조가 미치지 못한다고 한다.

광해 2년 5월 2일 병오 (1610년)

○ 성균관 유생과 관리들이 이황을 비롯한 다섯 현인[10]의 문묘
　종사를 청하였으나 불허하다.

광해 2년 9월 5일 정미 (1610년)

○ 이황을 비롯한 다섯 현인을 문묘에 종사하라는 교서를 내
　리다.

---

10 김굉필, 정여창, 조광조, 이언적, 이황이다.

인조 1년 5월 6일 을미 (1623년)

○ 주강에서 『논어』를 강하고, 「홍범洪範」[11]과 『성학십도』를 써
서 들이도록 명하다.

참찬관 오백령이 아뢰기를,

"선조 임금 초년에 이황이 『성학십도』를 지어 올리자, 선조께
서 첩帖을 만드시어 자리 옆에 두셨습니다. 지금도 선조 때처럼 첩
을 만들어 보시기에 편하게 하는 것이 어떻겠습니까?"

하니, 상이 이르기를,

"이 『성학십도』는 본래부터 자리 옆에 써서 놔두고 싶었다. 그
러나 첩을 만들기보다는 병풍으로 만드는 것이 보고 살피기에 편
할 것이니, 병풍으로 만들어서 들이도록 하라."

하였다.

효종 2년 8월 25일 경오 (1651년)

○ 홍명하가 『성학십도』의 「숙흥야매잠」을 병풍에 써서 관람
할 것을 아뢰자 허락하다.

---

11 『서경』의 한 편으로 위정자가 정치와 수양의 모범을 보여야 함과 그 방법을 제시하였다.

상이 주강에 나아가자, 시독관 홍명하가 아뢰기를,

"성상께서 날마다 경연을 열어 경학을 강론하고 계시나 마음을 간직하는 공부가 혹 끊기는 염려가 없지 않습니다. 옛날의 제왕은 반드시 성현이 경계한 말씀을 새겨 보면서 몸을 닦고 반성하는 소지로 삼았습니다. 앞선 임금들께서도 「숙흥야매잠」이나 『성학십도』를 병풍으로 만들어 올리라고 명하였습니다. 성상께서는 즉위하신 지 3년이 되었으나 미처 만들어 드리지 못하였습니다. 『성학십도』 중 「숙흥야매잠」이 공부하는 데 가장 절실하고 일상적이니, 병풍에 써서 좌우에 두고서 보시면서 익히소서."

하니, 상이 이르기를,

"그 말이 참으로 옳다. 실로 서책에서 보아 넘기는 것과는 다르니, 병풍으로 만들어 올리라."

하였다.

정조 20년 9월 8일 경술 (1796년)

○ 승지를 보내어 문순공 이황에게 제사를 지내주다.

문순공 이황에게 제사를 지내주었다. 이때 문순공의 종손이 이황의 신주를 가지고 서울에 왔는데, 상이 예관에게 명하여 성균관의 유생들을 인솔하고 가서 한강 부근에서 맞이하게 하고는, 승지를 보내어 제사를 지내주게 하였다.

고종 5년 8월 18일 임술 (1868년)

○ 『성학십도』를 그린 병풍을 진상하다.

시독관 이만기가 아뢰기를,

"신이 한 달 전에 홍문관에 임명되었는데, 삼가 『성학십도』를 그린 병풍을 바치라는 명령이 있었으나, 홍문관에 오랫동안 보관하여 오던 것이 지금 없어서 단지 책자만 올렸다는 말을 들었습니다. 이 그림은 바로 신의 선조인 문순공 이황이 찬하여 선조 임금께 올린 것입니다. 지금 전하께서 이와 같이 옛 유물을 찾으시니, 신은 우러러 공경하는 마음을 금치 못하겠습니다."

하니, 하교하기를,

"『성학십도』 병풍을 즉시 들여오라."

하였다.

중국과 일본의 관심과 평가

중국의 관심과 평가

퇴계로부터 『성학십도』를 받은 선조는 곧바로 병풍으로 만들었고 책으로 인쇄할 것을 지시하였다. 그러나 과거시험 위주로 공부했던 당시 대부분의 관리는 『성학십도』를 잘 이해하지 못하여 교정과 인쇄에 시간이 걸렸다. 이듬해 『성학십도』 인쇄본이 발간되어 각 관청에 보급되면서 『성학십도』에 대한 본격적인 연구가 시작되었다. 퇴계 사후에도 『성학십도』는 서적과 병풍으로 계속 만들어져 제왕의 길을 배우는 필독서로 매우 중시되었고, 학자들에게는 학문과 수양의 길을 제시하는 책으로, 위정자들에게는 수양을 바탕으로 올바른 정치를 펼치기 위한 책으로 조선시대 내내 중시되었다.

그러나 『성학십도』가 우리나라에서만 중시된 것은 아니다. 『성학십도』는 중국과 일본으로 전파되어 성리학의 핵심을 집약하고 지식인의 도리를 제시한 책으로 칭송받았다. 그 단편들을 간략히 제시해 본다.

신해혁명 때 혁명군의 총지휘관이자 중화민국의 2대 총통인 리위안훙黎元洪(1864~1928)은 다음과 같이 말하였다.

"인류가 금수와 다른 까닭이 이 『성학십도』에 있다."

대학자 캉유웨이康有爲(1858~1927)의 제자이자 중국 근대의 뛰어난 학자·정치가이면서 우리나라의 신채호와 안창호 등에게도 영향을 미쳤던 량치차오梁啓超(1873~1929)는 다음과 같이 퇴계와 『성학십도』를 예찬하였고, 1920년 중국에서 『성학십도』를 간행하여 필독서로 보급하였다.

"높고 높으신 이퇴계 선생님, 성인의 학문을 잇고 후세를 열어 고금古今을 하나로 꿰뚫으셨네. 열 폭의 그림으로 성리학의 핵심을 전하여 후세에 길이 이어질 성인의 마음을 전하였네. 학문은 주자에 비견되고 기상은 주렴계에 비견되네. 높은 덕과 교화가 삼백 년 지난 오늘날까지 미쳤으니, 모든 나라 사람이 누가 아니 공경하겠는가!"

1970년대 이후로 퇴계의 사상은 중국과 대만 학자들에게 중요한 연구 주제가 되고 있다. 퇴계의 학문을 연구한 현대 중화권 학자들은 그 이름을 모두 거론하기 어려울 정도로 많다. 그중 퇴계의 학문을 깊이 연구한 왕소王甦 교수의 언급(1997, 퇴계학보)은 현대 중화권에서 퇴계 학문의 위상을 잘 드러낸다.

"퇴계의 학문은 『성학십도』에 잘 요약되고 계통화되어 있으며, 수양과 공부의 요점은 경敬이라는 한 글자에 잘 집약되어 있다. 량치차오가 퇴계의 학문을 찬양하면서 지은 시에 '『성학십도』로 성리학의 핵심을 집약하여 후세에 길이 성인의 마음을 전하였다'라고 하였으니, 여기서 말한 '성리학의 핵심'은 퇴계가 중시한 마음과 수양에 관한 공부를 말한다. 퇴계는 단순히 뛰어난 학문을 수립한 학자가 아니라 몸소 실천함으로써 자신의 학문을 증명해낸 군자였다."

일본의 관심과 평가

일본은 임진왜란을 일으켜 동아시아를 전쟁의 소용돌이에 빠뜨렸으나 조선으로부터 도자기 기술, 인쇄 문화와 함께 새로운 유학을 받아들였다. 특히 일본에 새로운 유학이 전파되면서 일본 사회와 정치에 질적인 변화가 일어나게 되었다. 그리고 일본에 새로운 유학을 전파한 학자들은 대부분 퇴계학파의 문인들이었으므로 자연스럽게 일본은 퇴계의 학문을 수용하고 연구하였다. 에도 막부 초기 일본의 대표적 유학자인 하야시 라잔林羅山(1583~1657)은 퇴계의 「천명도」와 「주자서절요」를 읽었고 퇴계의 학문을 격찬하면서 제자에게 전수하였다. 1655년 일본에서 『성학십도』가 인쇄되면서 지식인의 필독서로 읽혔고 이후 일본의 유학은 퇴계의 학문이 주류가 되었다.

하야시 라잔 이후 일본의 대표적 성리학자인 야마자키 안사이山崎闇齋(1619~1682)는 퇴계의 「주자서절요」와 『자성록』을 읽었고 퇴계가 『성학십도』에서 수양의 핵심으로 제시하였던 경敬을 자신의 철학에 반영하여 성리학의 핵심 가치로 제시하였다. 하야시 라잔과 야마자키 안사이 이후 일본의 유학자들은 퇴계의 저서를 통해 일본에서 신유학을 연구·발전시켰으며, 이들과 이들의 제자들을 비롯한 임진왜란 이후 일본의 주요 학파들은 공통적으로 퇴계의 학문을 수용하여 연구하였다. 이에 대하여 에도막부 중기 유학자 야부 고잔藪孤山은 "공자의 도는 … 송나라의 정이천과 주희에 이르러 다시 새롭게 탐구되었다. 그 학문이 조선의 이퇴계에게 전해진 다음, 다시 퇴계로부터 우리나라(일본)의 야마자키 안사이에게 전해졌다."고 말하였다.

일본의 학자들은 주희를 공자 이후 일인자요, 퇴계를 주희 이후 일인자라고 평가하면서도 인간적인 면에서는 주희보다 퇴계를 더욱 존숭하였다. 아베 요시오阿部吉雄 전 동경대 교수의 다음 언급은 일본에서 퇴계 학문의 절대적 영향력을 잘 대변한다.

"일본의 세계관은 중세까지도 사후 세계에서 극락을 바라는 초
월적·종교적 관념이 지배적이었으나, 퇴계의 학문이 들어온 이
후 만물의 이치 탐구를 중시하면서 합리적인 세계관을 갖게 되었
다. 퇴계로부터 받은 학문적 은혜는 참으로 지대한 것이었다."

퇴계의 학문이 일본에 전파되면서 임진왜란 이전 무력 일변도
의 원시적 정치문화와 사회체계가 합리성을 중시하는 퇴계의 학문
에 의해 일신되었다. 임진왜란 이후 일본의 유학은 퇴계의 학문을
기본으로 하고 있다고 해도 과언이 아니다. 일본은 메이지 유신 이
전까지 여전히 무사가 지배하는 나라였지만 임진왜란 이후의 조선
으로부터 유입된 퇴계의 학문에 의해 통치 방식과 사회·문화에 질
적인 변화가 일어난 것이다. 다카하시 스스무高橋進 교수는 일본에
전해진 퇴계의 학문에서 존왕尊王, 대의大義, 애국愛國의 측면이 강조
되었고 이는 메이지 유신의 원동력이 되었다고 분석하였다.

1970년대까지는 우리나라보다 오히려 일본이나 대만 등 외국
에서 퇴계에 관한 관심이 높았다. 현대 한국철학 연구의 초석을 놓
은 대표적 학자인 박종홍朴鍾鴻(1903~1976)의 다음 언급에서 이를 확
인할 수 있다.

"우리 자신보다도 오히려 이웃 나라에서 더 많이, 그리고 더 깊은 관심을 가지고 연구하여, 이미 훌륭한 업적들이 계속 발표되고 있다. 고맙기에 앞서 등에 땀이 흐르도록 부끄럽기 이를 데 없는 노릇이다. 이대로 가다가는 우리의 퇴계학 연구를 일본이나 대만에 가서 해야 할 날이 머지않을 것만 같다."

군자의 향기가 스민 곳, 퇴계 이황 관련 유적

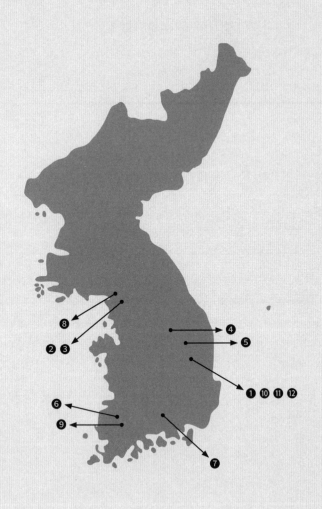

❶ 퇴계 이황의 출생지 | 경상북도 안동시 도산면 온혜리

퇴계가 나고 자란 곳은 경상도 예안현 온계리로 현재는 안동시 도산면 온혜리이다. 퇴계는 여기서 어릴 때 이웃집 노인에게서 글을 배웠고 형제들과 함께 학문의 길에 들어섰다. 한나절 거리의 청량산에서 공부하였고 근처 낙동강에서 유유자적하였다.

❷ 성균관 | 서울특별시 종로구 성균관로 25-1

고려 국자감이 고려 말 성균관으로 명칭을 변경하였고, 조선 건국 직후 개성에서 한양으로 옮겨왔다. 명실상부한 국가 최고 학부로, 입학 정원이 150명 내외이며 과거 초시에 합격해야 입학 자격이 주어졌다. 퇴계는 19세에 시험을 치르러 성균관에 왔다가 흠모하던 조광조를 보았고, 32세에 문과 별시에서 차석으로 합격한 후 다시 성균관에 입학하였다. 성균관에서 퇴계는 하서 김인후와 깊이 교제하였으며, 53세에 성균관의 수장인 성균관 대사성에 임명되었다.

❸ 경복궁 | 서울특별시 종로구 사직로 161

조선왕조의 법궁(정궁)이다. 1553년(명종 8) 대화재로 많은 건물이 소실되었으나 이듬해 중건되었다. 퇴계는 중건된 경복궁의 여러 전각에 편액을 썼고, 「경복궁 중신기」를 지어 임금에게 올바른 정치의 길을 말하였다.

❹ 단양군 | 충청북도 단양군

퇴계는 48세에 외직을 자청하여 단양군수로 부임하였다. 모두가 승진하여 조정으로 가려 할 때 퇴계는 거꾸로 품계를 낮추면서까지 밖으로 물러나려 하였다. 청렴하고 백성을 아끼는 군수로 명망이 높았다. 단양팔경은 퇴계가 이때 선정한 것이다.

❺ 풍기군 | 경상북도 영주시 풍기읍

친형 이해李瀣가 충청도 관찰사로 부임하자 상피제에 의해 단양군에서 경상도 풍기군으로 임지를 옮겼다. 전임자 주세붕이 세운 백운동서원의 사액賜額을 청하여 조선 최초의 사액서원인 소수서원이 되었다. 소수서원 가까이에 무량수전으로 유명한 부석사가 있다.

❻ 필암서원 | 전라남도 장성군 황룡면 필암서원로 184

퇴계와 우정을 나눈 하서 김인후를 기리기 위해 세워진 서원이다. 김인후의 고향인 장성에 위치한 서원으로 전라도를 대표하는 서원이기도 하다. 1662년(현종 3) '필암'으로 사액되었고 2019년 유네스코 세계문화유산으로 등재되었다.

❼ 덕천서원 | 경상남도 산청군 시천면 남명로 137

퇴계의 라이벌인 남명 조식의 학문과 덕행을 기리기 위해 건립된 서원이다. 흥선대원군의 서원철폐령으로 1870년 훼철되었다가 1920년 복원되었다. 서원 내외에 심어진 백일홍이 유명하다.

❽ **자운서원** │ 경기도 파주시 법원읍 자운서원로 204

퇴계와 함께 조선 유학의 양대 산맥인 율곡 이이를 기리기 위해 1615년 세워졌고, 1650년(효종 1) '자운紫雲'이라고 사액되었다. 서원 옆으로 신사임당의 묘와 율곡의 묘, 율곡의 유적지가 있다. 율곡은 어려서 강릉에서 자랐으나 파주가 본가였으므로 장성하여서는 파주에 근거지를 두었다.

❾ **월봉서원** │ 광주광역시 광산구 광곡길 133

퇴계와 8년간 사단칠정논쟁을 벌인 고봉 기대승을 기리기 위해 1578년 호남의 유생들이 세운 서원이다. 김인후를 모신 장성의 필암서원과는 걸어서 한나절 거리이다. 기대승은 김인후와 자주 왕래하며 사단칠정에 관해 조언받았다.

❿ **퇴계 이황의 묘소** │ 경북 안동시 도산면 토계리 산24-20

퇴계는 매화에 물을 주라는 말을 남기고 70세를 일기로 조용히 눈을 감았다. 검소한 장례를 원했으나 조정에서는 그의 유언을 듣지 않고 최고의 예우인 국장으로 장례를 치러주었다. 특이하게도 퇴계의 묘 아래에 맏며느리인 봉화 금씨의 묘가 있는데, 퇴계의 사랑과 인품에 감동한 봉화 금씨가 시아버님 묘소 근처에 묻어달라고 유언하였기 때문이다.

⓫ 퇴계 종택 | 경상북도 안동시 도산면 백운로 268

현재 16대 종손이 종택을 지키고 있다. 퇴계 종가는 제사와 차
례가 간소하기로 유명하며 퇴계를 본받아 겸양이 몸에 배어 있다.
방문객이 많음에도 종손은 일일이 절하여 맞이하고 배웅한다. 종
택 앞으로 작은 시내인 '토계'가 흐르는데 퇴계는 토끼 토兎를 물러
날 퇴退로 고쳐 자신의 호로 삼았다.

⓬ 도산서원 | 경상북도 안동시 도산면 도산서원길 154

퇴계는 말년에 도산서당을 짓고 제자를 교육하였는데 유성룡
등 걸출한 제자들을 배출하였다. 퇴계 사후 제자들에 의해 크게 확
장되었고, 1575년 도산서원으로 사액 되었으며, 현판은 명필 석봉
한호가 썼다. 아래 그림은 조선 후기 대표적 화가 겸재 정선의 〈계

〈계상정거도〉. 리움 미술관 제공

상정거도〉로 도산서당과 그 앞을 흐르는 낙동강 및 주변의 산세를 그렸다. 보물 제585호 지정되었고 2019년 유네스코 세계문화유산으로 등재되었으며 천원 권 지폐 후면에 삽입된 그림이기도 하다.

도산서원 전경. 도산서원 제공

　　도산서원은 대원군의 서원철폐령에서도 제외될 만큼 중요하고 유서 깊은 서원이다. 교육, 기숙, 선현 배향 등의 용도에 따라 여러 건물이 있는데 퇴계의 성품을 따라 간결하게 지어졌다. 위 사진 중앙 아래 건물이 도산서당인데, 보물로 지정되었으며 퇴계가 직접 설계하였다고 전해진다. 서원에서 바라본 낙동강의 경치가 일품이다.

연보로 보는 퇴계 이황의 삶

　　퇴계의 생애는 학문에 열중하면서 가정을 이루었던 서른셋 이전의 초년기와 청년기, 과거에 급제하여 벼슬길에 있었던 서른넷부터 마흔아홉까지의 중년기, 그리고 고향에 돌아와 연구와 교육, 저술에 힘썼던 쉰부터 일흔까지의 만년기로 나누어 볼 수 있다.

　　초년기에 퇴계는 아버지를 일찍 여의고 어려운 집안 형편 속에서도 일찍부터 학문의 기초를 닦아나갔다. 고향 주변의 산과 절에서 자연을 벗 삼아 독서에 열중하였고 선비로서의 예절과 남을 배려하는 자세가 몸에 배어 사람들이 따르고 존경하였다. 두 차례 성균관에 입학하여 공부하면서 시류에 물들지 않고 정밀하게 학문을 추구하였고 김인후와 두터운 교분을 쌓았다.

　　그러나 학문의 여정과는 달리 단란한 가정을 꾸리는 데에는 불운이 거듭되었다. 퇴계는 스물한 살에 장가를 들었으나 부인 허씨가 둘째 아들을 낳자마자 세상을 떠나 스물일곱에 홀아비가 되었다. 어미의 보살핌을 받지 못한 둘째는 스물한 살에 요절하였다. 퇴계는 3년 후 지인의 부탁으로 재혼하였으나, 둘째 부인 권씨는 심한 조현병으로 정신이 온전치 못하였고, 자주 문제를 일으켜 퇴계를 난감하게 하였다. 퇴계는 평생 둘째 부인을 두둔하고 아꼈으나, 둘째 부인마저도 난산 끝에 생을 마감하여 마흔다섯에 또다시 홀아비가 되었다.

퇴계는 서른넷에 과거에 합격하여 벼슬길에 나아갔다. 고려와 조선에서는 벼슬길과 학문의 길을 두고 고민하는 선비들이 많았다. 학문에 뜻을 둔 선비들은 대개 벼슬길에 나아가지 않는 것을 명예롭게 여겼으나 집안을 부양하고 부모의 뜻에 따르기 위해 부득이 과거에 응시하는 사람도 많았다. 퇴계도 이들 중 하나였다. 학문에 정진하고자 하였으나 가족을 부양해야 했고 모친과 형님의 권유도 있었기에 과거에 응시하여 좋은 성적으로 급제하였다.

중앙 조정에서 벼슬을 시작한 퇴계는 뛰어난 학식을 토대로 빈틈없고 공정하게 실무를 처리하였다. 여러 관서에 복무하였으나 나라에서는 퇴계의 학덕을 고려하여 주로 학문, 교육, 문화, 외교 관련 관서에 배치하였으며, 경전을 관장하고 외교문서를 작성하거나 임금의 질문에 답하는 홍문관에 가장 오래 재직하였다. 특히 퇴계는 명나라와의 외교문서 작성을 도맡다시피 하였다. 명나라에 보내는 외교문서 작성은 내용과 표현에서 작은 실수도 용납되지 않는 매우 엄중한 일이었으므로, 완벽한 학식과 안목을 갖추지 않으면 맡을 수 없는 일이었다.

조정에서 벗어나 단양군수와 풍기군수로 갈 때에는 잔치나 연회로 고을 재정을 낭비하거나 백성을 번거롭게 하지 않기 위해 조용히 부임하였고 조용히 떠났다. 상관이 방문하여도 그에게 잘 보이려고 연회를 열거나 재물을 쓰는 일이 없었으며 관아의 재물을 어떤 경우에도 사사로이 쓰지 않았다. 군수를 사직하고 떠날 때 고을에서 마련해준 전별품도 받지 않고 빈 몸으로 고향으로 돌아갔다. 퇴계는 권위적인 사람이 아니었으나 공적인 일에 있어서는 언제나 공정하고 엄격하였다. 그러면서 남을 배려하고 잘 공감하는 특유의 성품을 바탕으로 고을 백성의 애환을 풀어주고 구제하는 일에 정성을 쏟았으며, 학문을 장려하면서 교육을 통해 백성의 수준을 끌어올렸다. 그 때문에 단양과 풍기뿐만 아니라 고향 안동의 백성들은 퇴계를 깊이 흠모하였다.

퇴계가 관직에 있던 시기는 외척에 의한 권력 투쟁과 을사사화로 매우 살벌한 시기였다. 퇴계 자신도 을사사화로 파직되었다가 복직되는 등 관직 생활이 순탄치만은 않았다. 퇴계의 친형도 판서, 관찰사 같은 최고위직에 있다가 을사사화로 장살杖殺되었다. 을사사화 후 그는 호를 퇴계退溪로 짓고 조정에서 물러날 결심을 굳혔다. 퇴계는 고향 마을 앞을 흐르는 작은 시내인 '토계'를 퇴계로 고쳐 자신의 호로 삼았으니, 고향의 냇가로 물러나겠다는 뜻이 담겨 있다. 그러고는 외직을 자청하여 고향과 멀지 않은 단양과 풍기로 물러났으며, 친형이 모함으로 죽자 풍기군수를 사퇴하고 허락이 떨어지기도 전에 고향으로 돌아와 버렸다.

만년기의 퇴계는 한적한 시냇가에 작은 암자와 서당을 마련하여 모여드는 제자들을 가르치면서 연구와 저술에 전념하였다. 그가 물러난 후에도 조정에서는 성균관 대사성, 대제학, 판서 등 최고 위직을 끊임없이 제수하였으나 거듭 사직 상소를 올렸고, 그럼에도 사직 윤허를 받지 못하면 마지못해 상경하여 잠시 직위를 수행하다 곧바로 사직하고 돌아가기를 반복하였다.

풍기군수를 사직하고 일흔 살까지, 고향에 물러나 있던 21년 동안 퇴계는 공식적으로 53회의 사직서를 제출하였다. 벼슬에 나아간 서른넷부터, 그리고 비공식 기록까지 포함하면 퇴계가 일생 동안 제출한 사직서는 최소 70회가 넘으니 조선시대 가장 많은 사직서를 낸 사람이라 해도 과언이 아니다. 퇴계가 제시한 사직 이유는 질병, 노쇠함, 관리로서 재능 부족, 직책을 감당할 수 없음, 염치 등 여러 가지였으나 절반쯤은 벼슬을 버리기 위해 둘러댄 것이다. 임금은 최고의 학덕과 경륜을 갖춘 퇴계가 곁에 있기를 갈망하였으나 애태우며 기다릴 수밖에 없었다. 명종은 매우 아쉬워하며 다음과 같은 교서를 보냈다.

"경이 여러 이유를 들면서 계속 조정에 오지 않으려 하니, 내가 비록 어진 사람을 구하여 함께 정치를 하고자 하나 어찌 경의 뜻을 빼앗을 수 있겠는가. 내가 참으로 덕이 부족하고 식견이 어두워 경과 함께 일할 사람이 못 되기에 경이 나를 도와줄 뜻이 없는 것을 알겠노라. 경이 원망스럽기보다는 오히려 내가 경에게 부끄러우니 경은 나의 뜻을 알지어다."

퇴계가 이렇게 끊임없이 사직한 이유는 무엇일까? 권력 지향적이지 않으며 권위적이지 않고 배려와 공감을 잘하는 타고난 성품, 혼란하고 살벌한 조정의 상황, 그 와중에 희생당한 친형에 대한 기억, 청소년기부터 좋아하였던 자연 속에서 유유자적하는 삶 등 다양한 요인이 복합적으로 작용하였을 것이다. 그러나 유학자인 퇴계는 수기修己와 치인治人의 사명을 짊어지지 않을 수 없다. 물러나 학문과 연구로 자신의 완성에만 매달릴 수는 없다. 따라서 과거 급제 후 쉰까지는 관료로서 치인의 사명을 다하였고, 만년에는 연구와 교육을 통해 간접적인 듯하지만 광범위하고 근본적인 차원에서 치인의 사명을 이행했다고 볼 수 있다.

퇴계 생애에 대한 이상의 개괄을 토대로 주요 연도별로 그의 삶을 살펴보면 아래와 같다.

1501년(연산군 7) 1세

11월 25일 예안현 온계리(현재 경상북도 안동시 도산면 온혜리)에서 6남 1녀 중 막내로 태어났다. 아버지 진사進士 이식李埴과 부인 김씨는 2남 1녀를 두었으나 김씨는 29세에 세상을 떠났다. 이식과 둘째 부인 춘천 박씨 사이에서 4형제가 태어났는데 퇴계는 그중 막내이다.

1502년(연산군 8) 2세

퇴계가 태어난 지 7개월 만에 아버지는 병으로 세상을 떠났다. 어머니 박씨는 남매들이 '과부의 자식'이라는 말을 듣지 않게 하려고 매우 엄하게 교육하였다. 퇴계는 훗날 '나에게 가장 많은 영향을 끼친 분은 어머니이시다'라고 하였다.

1512~1518년(중종 7~13) 12~18세

6세 때 이웃집 노인에게 천자문을 배웠고, 12세부터 작은아버지께 『논어』를 배우면서 본격적인 학문의 길에 들어섰다. 사찰과 향교에서 공부하였고 도연명[12]의 시를 좋아하였다. 청소년기의 경험은 퇴계가 자연 속에서 유유자적하며 학문을 탐구하는 삶을 꿈꾸게 된 이유 중 하나였다.

1519년(중종 14) 19세

무과별시에 응시하기 위해 성균관에 올라온 퇴계는 조광조를 보고 그의 기품에 감동하였다. 그리고 조광조를 학문과 실천의 모

---

12 도연명(365~427)은 중국의 대표적 시인 중 한 사람으로, 41세에 스스로 관직을 그만두고 고향으로 돌아가 시를 지으며 유유자적하였다. 그가 고향으로 돌아가며 지은 시가 유명한 「귀거래사歸去來辭」이다.

범으로 삼았다. 그러나 기묘사화가 일어났고 조광조는 모함으로 귀양을 가 그곳에서 사약을 받았다. 조광조의 죽음으로 훈구파에 맞서 국정을 개혁하려던 젊고 참신한 선비들은 기세가 꺾였다. 퇴계는 조광조의 실패를 경험과 준비의 부족으로 보아 자신의 완성에 매진하였다. 『성리대전』을 읽었고 여러 서적을 정독하였다.

1520년(중종 15) 20세

소백산에서 『주역』을 공부하며 철학적 사색에 빠져들었다. 먹고 자는 것을 잊을 정도로 『주역』에 몰두하여 마르고 쇠약해지는 병에 걸렸는데, 퇴계가 평생 야윈 모습을 보인 것은 이때 얻은 병 때문이었다. 이 시절 남긴 짧은 시는 그의 공부가 단순한 지적 추구나 시험을 위한 것이 아니었음을 보여준다.

"산속에 아무 일 없이 박혀 있다 말하지 마오. 평생 하고자 하는 일들을 헤아릴 수 없으니."

1521년(중종 16) 21세

진사 허찬의 딸에게 장가들었다.

1523년(중종 18) 23세

첫째 아들 준寯이 태어났다. 성균관에 입학하였는데 기묘사화 이후 성리학을 기피하는 풍조가 생겨 유생들은 학문 탐구와 실천을 도외시한 채 문장을 꾸미는 데에 열중하였다. 퇴계는 동료 유생들의 비웃음에 아랑곳하지 않고 몸가짐을 조심하며 묵묵히 학문을 닦았다.

1527년(중종 22) 27세

경상도 향시의 진사시에서 수석을 하였고 생원시에서 차석을 하였다. 둘째 아들 채寀가 태어났으나, 한 달 뒤 아내가 난산의 후유증으로 죽었다. 홀로 남겨진 장모를 죽을 때까지 보살폈다.

1530년(중종 25) 30세

권질의 딸과 재혼하였다. 두 번째 아내 권 씨는 심한 조현병으로 정신이 온전치 못하였다. 그러나 퇴계는 평생 권 씨 부인을 불쌍히 여기며 아꼈다.

1532년(중종 27) 32세

문과별시의 초시에서 차석으로 합격하였다. 이듬해 다시 성균관에 유학하였고 김인후와 두텁게 교제하였다. 김인후는 전라도 장성의 수재로 퇴계보다 9세 연하였는데 시류에 물들지 않고 유생의 자세를 잃지 않는 퇴계를 무척 존중하고 사모하였다.

1534년(중종 29) 34세

문과에 급제하여 본격적으로 관직 생활을 시작하였다. 종9품 승문원 부정자를 시작으로 정7품으로 승진되었고, 36세에 정6품

호조좌랑이 되었다. 도교의 수련법에 정통한 여주 목사 이순李純에게 수련법을 배웠다. 훗날 퇴계는 도교 수련법을 응용하여 일상에서 몸을 수련할 수 있는 「활인심방活人心方」을 지었다. 「활인심방」은 '사람의 마음을 활기차게 하는 방도'라는 뜻으로 일종의 '선비 체조'인데 동작을 표현한 그림들에 간략한 설명이 붙어 있다. 「활인심방」은 병약한 퇴계 자신을 위한 것이기도 하였다.

1537~1540년(중종 32~35) 37~40세

어머니가 돌아가시자 관직에서 물러나 3년 상을 지냈다. 성균관 사성에 제수되었으나 나아가지 않았다. 탈상 후 정5품 사헌부 지평으로 승진하였다. 이 시기에 퇴계는 이미 고향으로 돌아갈 마음을 품고 있었다.

1541~1544년(중종 36~39) 41~44세

41세에 김인후 등과 함께 독서당讀書堂[13]에 선발되어 업무에서 벗어나 잠시 독서와 연구에 전념하였다. 이듬해에 어사御史로 충청도의 흉년 구제 사업을 감찰하여 임금에게 보고하였고, 정4품으로

---

13 독서당은 사가독서賜暇讀書라고도 하는데 유망한 문신에게 유급휴가를 주어 독서와 연구에 전념하게 한 제도이다. 세종이 시행하였고, 처음에는 집에서 독서하였으나 집중이 어려워 진관사나 동호독서당 등 지정된 장소에서 독서·연구하도록 하였다. 독서·연구한 책을 계절마다 보고했고 달마다 시험을 보아 불합격하면 다시 업무에 복귀하였다. 독서당에 선발된 관료를 사가문신賜暇文臣이라 하였는데 문신으로서 덕과 실력을 인정받은 것이므로 상당한 영예로 여겨졌다. 사가문신 중에는 김안국, 이황, 김인후, 이이 등 학문이 뛰어난 이들이 많았다.

승진하였다. 43세에 병으로 사직하였다가 종3품 성균관 사성으로 복직하였고, 휴가를 얻어 고향에 돌아와 성묘하였다. 왕명으로 『주자대전』을 교정하였는데, 한여름 무더위에도 문을 걸어 잠그고 『주자대전』 연구와 교정에 열중하면서 성리학을 더욱 깊게 이해하였다. 다음 해에 중종이 승하하고 인종이 즉위하자 명나라에 보내는 표문을 지었다.

1545년(인종 1) 45세

두 번째 아내 권 씨가 죽었다. 을사사화가 일어났고 퇴계는 관직이 삭탈되었다가 얼마 후 복직되었다. 왜에서 사신을 보내는 것을 막지 말아야 한다는 상소를 올렸다. 왜가 비록 노략질을 일삼더라도 화친을 간청할 때에는 용납해야 한다는 주장으로, 국방·외교에 있어서 명분과 실리를 명백하게 제시하면서도 백성의 안위를 최우선으로 해야 한다는 상소였다. 약 40년 뒤 왜의 사신을 거절한 조선은 임진왜란의 소용돌이에 휘말렸다.

1547~1549년(명종 2~4) 47~49세

외직으로 보내 줄 것을 요청하여 충청도 단양군수로 부임하였다. 둘째 아들 채寀가 스물한 살로 요절하였다. 넷째 형 이해李瀣가 충청감사로 부임하자 상피제[14]에 의해 경상도 풍기군수로 옮겼다.

14 고려와 조선에서 친척관계에 있는 사람을 같은 관서에 근무하지 못하도록 한 제도이다. 충

경상감사에게 풍기 백운동서원의 편액과 서적을 청하는 글을 올렸다. 백운동서원은 퇴계의 전임자 주세붕이 세운 최초의 서원이다. 퇴계의 건의로 임금이 쓴 편액과 서적을 받아 소수서원이 되었으니 사액서원[15]의 효시이다. 풍기군수로 1년간 재직 후 경상감사에게 사직서를 제출하였다.

1550년(명종 5) 50세

사직서를 세 차례 제출하였으나 회답이 없어 더 이상 기다리지 않고 고향으로 돌아갔다. 허락 없이 복무지를 이탈했다는 죄로 2계급 강등의 중징계를 받았으나 벼슬에 뜻이 없었으므로 개의치 않았다. 넷째 형 이해가 모함을 받아 곤장을 맞고 귀양 가던 길에서 장형의 후유증으로 죽었다. 고향의 작은 암자에서 학문에 전념하였고 각지에서 많은 학생이 모여들었다. 제자를 벗으로 대하였고 아무리 어린 사람일지라도 '너'라고 부르지 않았다.

1553년(명종 8) 53세

정3품 성균관 대사성에 임명되었으나 곧 사직했다. 정지운이 지은 「천명도天命道」[16]를 개정하였다. 퇴계가 개정한 「천명도」는 조

청감사는 단양군수의 직속상관이므로 상피제에 의해 경상도 풍기로 임지를 옮겼다.

15 사액賜額은 편액 즉, 현판을 하사받는다는 뜻이다. 초중등교육을 담당하였던 서당과 향교 외에 고등교육을 담당하는 서원이 생김으로써 지방에도 학문의 저변이 넓어졌다. 조선 말기에는 서원이 너무 많아져 당파의 근거지가 되는 등 폐단이 발생하였다.

16 「천명도」는 정지운(1509-1561)이 자신의 동생을 가르치고자 인간 본성의 연원과 인간의 존재

선 최대의 학술논쟁인 사단칠정논쟁의 도화선이 되었다.

1556년(명종 11) 56세

고향에서 학문과 교육에 매진하였다. 『주자서절요』[17]를 완성하였고 향약의 초안을 지었다. 병을 핑계로 관직을 계속 사양하였다. 기대승이 「천명도」 내용 중 사단四端과 칠정七情에 대해 문제를 제기하면서 사단칠정논쟁이 시작되었다. 논쟁은 8년 동안 계속되었다.

1557~1565년(명종 12~20) 57~65세

고향에서 학문과 교육에 정진하였다. 성균관 대사성에 제수되었으나 사직하였다. 『자성록』을 지어 자신의 학문과 언행을 성찰하였다. 종2품 공조참판에 제수되었으나 사직하였다. 낙동강변에 도산서당을 지었다. 제자들과 『근사록』[18]을 강론하였고, 사단칠정논쟁이 계속되었다.

적 근원을 그림으로 그린 것이다. 「천명도」를 우연히 보게 된 퇴계는 정지운과 토론하면서 「천명도」를 수정하였다. 퇴계는 수정한 「천명도」에 "사단四端은 이理에서 발한 것이고, 칠정七情은 기氣에서 발한 것이다."라고 표기하면서 감정의 발생 경로를 두 가지로 나누어 제시하였는데, 이것을 본 기대승이 감정 발생의 경로를 둘로 나눌 수 없다고 문제를 제기하면서 조선 최대의 철학 논쟁인 '사단칠정논쟁'이 시작되었다.

17 퇴계가 『주자대전』에 실려 있는 많은 편지글, 즉 주희의 논문 중에서 중요한 것을 발췌하여 편찬한 책이다. 매우 방대한 『주자대전』의 핵심을 퇴계의 사상체계에 따라 잘 온축한 것으로 평가받는다. 조선시대에 널리 간행되어 읽혀졌으며, 일본에서도 네 차례나 간행되어 주희와 퇴계의 학문을 연구하기 위한 자료로 활용되었다.

18 중국 남송 시대에 주희와 여조겸(1137~1181)이 함께 쓴 성리학 해설서이다.

<u>1566~1567년(명종 21~22) 66~67세</u>

명종이 특별히 소명을 내려 서울로 불렀으나 병으로 사퇴하고 고향으로 돌아갔다. 명종은 크게 아쉬워하며 신하들과 화공을 안동으로 보내 퇴계가 머무는 곳의 전경을 그림으로 그려오게 하여 병풍으로 만들었다. 정2품 지중추부사에 제수되었으나 곧 사퇴하였다. 「심경후론」[19]을 지었고 이언적[20]의 문집을 교정하였다. 명나라 유학자 왕수인의 학설을 논박하는 「전습록논변」[21]을 지었다. 이듬해 정월 왕명으로 다시 서울에 올라왔으나 명종은 사흘 만에 승하하였다.

<u>1568년(선조 1) 68세</u>

선조가 즉위하였다. 거듭된 왕명을 어길 수 없어 퇴계는 서울로 올라와 종1품 중추부 판사와 학문, 교육, 문화를 담당하는 홍문

---

19 『심경心經』은 송나라 진덕수가 수양에 관한 경전과 유학자들의 격언을 모아 1234년에 편찬한 책이다. 퇴계는 특히 『심경』을 중시하였으며, 『심경』에 대한 자신의 견해를 담은 『심경후론』을 지었다.

20 이언적(1491~1553)은 조선 중기 학자이자 관료이다. 이조·예조·병조판서, 경상도 관찰사 등 요직에서 국정을 주도하였고, 태극론, 이喱 우위설 등 조선 중기 성리학의 기초를 닦았으며 퇴계에게도 많은 영향을 끼쳤다. 양재역벽서사건에 무고하게 연루되어 평안도 강계로 유배되어 죽었다. 퇴계와 함께 1610년 문묘에 배향되었다.

21 『전습록』은 명나라 유학자 왕수인(1472~1529, 호는 양명)이 제자들과 토론한 내용을 모은 책이다. 퇴계는 『전습록』을 읽고 왕수인의 학설을 비판하는 「전습록논변」을 지었다. 퇴계는 왕수인이 본능적 앎과 후천적 앎을 구분하지 않음으로써 지와 행의 관계를 잘못 이해하였고, 마음만을 중시하고 사물의 객관적 탐구에 소홀하여 불교의 길에 빠지는 폐단이 있다고 하는 등 양명학에 대하여 강도 높게 비판하였다. 퇴계의 양명학 비판은 조선에서 양명학 연구가 활성화되지 않은 원인 중의 하나로 작용하였다.

관과 예문관 대제학을 겸직하였다. 여러 차례 경연을 통해 선조에게 자신을 수양하고 백성을 사랑할 것을 거듭 강조하였다. 선조가 유의해야 할 여섯 가지 사항을 건의한 「무진육조소」[22]를 올렸다. 경연과 상소에도 선조의 실천이 미흡해 보이자, 모든 정력을 쏟아 『성학십도』를 지어 올렸다. 1568년 12월이었다. 선조는 『성학십도』를 병풍으로 만들어 수시로 보면서 퇴계의 가르침을 실천하고자 노력하였다.

1569년(선조 2) 69세

이조판서에 제수되었으나 사직하였다. 벼슬에서 완전히 물러날 것을 거듭 청하였으나 왕은 윤허하지 않았다. 다시 여러 차례 해직 상소를 올려 명예직인 중추부 판사를 제외하고 모두 해직되었다.

22 무진년에 임금으로서 마땅히 유의해야 할 정치의 도리를 여섯 가지로 제시한 상소문이다. 율곡 이이의 「만언봉사」와 함께 조선시대 왕에게 정치의 방도를 조언한 상소로써 쌍벽을 이룬다. 여기서 퇴계는 선조에게 계통을 중시하고 인仁과 효를 온전히 갖출 것, 학문과 수양에 힘쓸 것, 백성을 바른길로 인도할 것, 충언하는 신하를 곁에 두고 아첨하는 간신을 물리칠 것, 백성을 사랑으로 보살필 것 등을 건의하였다. '계통을 중시하고 인과 효를 갖추라'라는 말은 이미 법적으로 왕이 되었으므로 방계 출신으로 명종의 양자가 되어 보위에 올랐다는 것에 열등감을 느끼지 말고 친부모 즉 집안 내림과 법적 부모 즉 왕통王統을 인과 효로 일치시켜 왕의 위엄을 세우라는 뜻이다. 퇴계의 조언으로 선조는 승하한 명종의 부인인 인순왕후와 친부모 모두에게 효를 다하여 왕실을 안정시켰다.

1570년(선조 3) 70세

선조는 명종의 제사에 퇴계를 참석시켜 고향에 내려가기 전에 선왕先王과 작별할 수 있도록 배려하였다. 고향에 돌아와 남아 있는 직위를 해제하고 녹봉을 내리지 말아 달라는 상소를 올렸으나 선조는 윤허하지 않았다. 도산서당에서 제자들과 『주역』과 『심경』에 대하여 토론하였다. 기대승과 마음, 본성, 감정을 주제로 토론하였다. 율곡 이이와 『성학십도』에 대하여 토론하였다. 지병이 심해지자 조용히 죽음을 준비하였다. 죽은 후 나라에서 내리는 예물을 사양하고 장례를 검소하고 조용히 치를 것을 당부하였다. 그러나 선조는 퇴계의 마지막 바람을 허락하지 않고 국장으로 장례를 치르도록 명하였다. 12월 8일 고요히 세상을 떠났다. 마지막으로 남긴 말은 '매화에 물을 주라'였다.

1575년(선조 8)

퇴계가 지은 도산서당을 확장 중건하였고 도산서원이라고 사액賜額되었다.

1576년(선조 9)

나라에서 '문순文純'이라는 시호를 내렸다. 문文은 도와 덕이 넓다는 뜻이고, 순純은 치우치지 않고 바르며 정밀하고 순수하다는 뜻이다.

1610년(광해 2)

문묘文廟에 배향되었다. 왕과 왕비를 모시는 종묘宗廟가 나라의 정치적 권위와 계보를 상징하는 곳이라면, 문묘文廟는 자신의 노력으로 최고의 경지에 올라 학문과 문화로 인류를 깨우친 성인과 현인의 가르침과 계보를 상징하는 곳이다. 문묘에 배향된 우리나라의 현인은 설총, 최치원, 정몽주, 조광조, 이황, 김인후, 이이 등 모두 18명뿐이다.

『성학십도』 그림 원본과 원문

서문

〈進聖學十圖箚　幷圖〉
　진 성 학 십 도 차　　병 도

判中樞府事, 臣李滉, 謹再拜上言. 臣竊伏以道無形象, 天無言語. 自河洛圖書之出, 聖人因作卦爻, 而道始見於天下矣. 然而道之浩浩, 何處下手, 古訓千萬, 何所從入.

聖學有大端, 心法有至要, 揭之以爲圖, 指之以爲說, 以示人入道之門, 積德之基, 斯亦後賢之所不得已而作也. 而况人主一心, 萬幾所由, 百責所萃, 衆欲互攻, 群邪迭鑽. 一有怠忽, 而放縱繼之, 則如山之崩, 如海之蕩, 誰得而禦之.

古之聖帝明王, 有憂於此, 是以兢兢業業小心畏慎, 日復一日, 猶以爲未也. 立師傅之官, 列諫諍之職, 前有疑後有丞, 左有輔右有弼, 在輿有旅賁之規, 位宁有官師之典, 倚几有訓誦之諫, 居寢有暬御之箴, 臨事有瞽史之導, 宴居有工師之誦, 以至盤盂几杖刀劍戶牖, 凡目之所寓身之所處, 無不有銘有戒. 其所以維持此心, 防範此身者, 若是其至矣, 故德日新而業日廣, 無纖過而有鴻號矣.

後世人主, 受天命而履天位, 其責任之至重至大爲如何, 而所以自治之具, 一無如此之嚴也. 則其憪然自聖, 傲然自肆於王公之上, 億兆之戴, 終歸於壞亂殄滅, 亦何足怪哉.

故于斯之時, 爲人臣而欲引君當道者, 固無所不用其心焉, 若張九齡之進金鑑錄, 宋璟之陳無逸圖, 李德裕之獻丹扆六箴, 眞德秀之上豳風七月圖之類, 其愛君憂國拳拳之深衷, 陳善納誨懇懇之至意, 人君可不深念而敬服也哉.

臣以至愚極陋, 辜恩累朝, 病廢田里, 期與草木同腐, 不意虛名誤達, 召置講筵之重, 震越惶恐, 辭避無路. 旣不免爲此叨冒, 則是勸導聖學, 輔養宸德, 以期致於堯舜之隆, 雖欲辭之以不敢, 何可得也. 顧臣學術荒疎, 辭辯拙訥, 加以賤疾連仍, 入侍稀罕, 冬寒以來, 乃至全廢, 臣罪當萬死, 憂悸罔措.

臣竊伏惟念, 當初上章論學之言, 旣不足以感發天意, 及後登對屢進之說, 又不能以沃贊睿猷, 微臣悃愊不知所出. 惟有昔之賢人君子, 明聖學而得心法, 有圖有說, 以示人入道之門積德之基者, 見行於世, 昭如日星. 玆敢欲乞以是進陳於左右, 以代古昔帝王工誦器銘之遺意, 庶幾借重於旣往, 而有益於將來, 於是謹就其中, 揀取其尤著者得七焉.

其心統性情, 則因程圖, 而附以臣作二小圖, 其三者圖, 雖臣作, 而其文其旨條目規畫, 一述於前賢而非臣創造. 合之爲聖學十圖, 每圖下輒, 亦僭附謬說, 謹以繕寫投進焉.

第緣臣恸寒纏疾之中, 自力爲此, 眼昏手顫, 書未端楷, 排行均字, 並無准式. 如蒙勿却, 乞以此本, 下諸經筵官, 詳加訂論, 改補差舛, 更令善寫者, 精寫正本, 付之該司, 作爲御屏一坐, 展之淸燕之所. 或別作小樣一件粧貼爲帖, 常置几案上, 冀得於俯仰顧眄之頃, 皆有所觀省警戒焉, 則區區願忠之志, 幸莫大焉, 而其義意有所未盡者, 臣請得而申言之.

竊嘗聞之孟子之言曰, 心之官則思, 思則得之, 不思則不得也, 箕子之爲武王陳洪範也, 又曰思曰睿睿作聖. 夫心具於方寸, 而至虛至靈, 理著於圖書, 而至顯至實, 以至虛至靈之心, 求至顯至實之理, 宜無有不得者, 則思而得之, 睿而作聖, 豈不足以有

徵於今日乎. 然而心之虛靈, 若無以主宰, 則事當前而不思, 理
之顯實, 若無以照管, 則目常接而不見, 此又因圖致思之不可忽
焉者然也. 抑又聞之, 孔子曰, 學而不思則罔, 思而不學則殆. 學
也者, 習其事而眞踐履之謂也. 蓋聖門之學, 不求諸心, 則昏而
無得, 故必思以通其微, 不習其事, 則危而不安, 故必學以踐其
實, 思與學, 交相發而互相益也. 伏願聖明深燭此理, 先須立志,
以爲舜何人也, 予何人也, 有爲者亦若是, 奮然用力於二者之功.

而持敬者, 又所以兼思學, 貫動靜, 合內外, 一顯微之道也. 其爲
之之法, 必也存此心於齋莊靜一之中, 窮此理於學問思辨之際,
不睹不聞之前, 所以戒懼者, 愈嚴愈敬, 隱微幽獨之處, 所以省
察者, 愈精愈密, 就一圖而思, 則當專一於此圖, 而如不知有他
圖, 就一事而習, 則當專一於此事, 而如不知有他事.

朝焉夕焉而有常, 今日明日而相續, 或紬繹玩味於夜氣清明之
時, 或體驗栽培於日用酬酢之際, 其初猶未免或有掣肘矛盾之
患, 亦時有極辛苦不快活之病, 此乃古人所謂將大進之幾, 亦爲
好消息之端, 切毋因此而自沮, 尤當自信而益勵, 至於積眞之
多, 用力之久, 自然心與理相涵, 而不覺其融會貫通, 習與事相
熟, 而漸見其坦泰安履, 始者各專其一, 今乃克恊于一.

此實孟子所論深造自得之境, 生則烏可已之驗. 又從而俛焉孳

莘, 旣竭吾才, 則顔子之心不違仁, 而爲邦之業在其中, 曾子之忠
恕一貫, 而傳道之責在其身, 畏敬不離乎日用, 而中和位育之功
可致, 德行不外乎彝倫, 而天人合一之妙斯得矣. 是其爲圖爲說.

僅取敍陳於十幅紙上, 思之習之, 只做工程於平日燕處, 而凝道
作聖之要, 端本出治之源, 悉具於是. 惟在天鑑, 留神加意, 反復
終始, 勿以輕微, 而忽之厭煩而置之, 則宗社幸甚, 臣民幸甚. 臣
不勝野人芹曝之誠, 冒瀆宸嚴輒以爲獻, 惶懼屛息. 取進止.

第一太極圖

陽動　陰靜

火　水
土
木　金

乾道成男　坤道成女

萬物化生

（左側）
物一○也間○
一其萬各也此
太性物一○無
極而化其乾極
也萬生性男二
以而坤五
形男女所
化女以以妙
者一氣合
言太化
也極者而
各也言無

乾道成男

（右側）
變之陰爲陽○
陰根也言而此
合也中耳指所
而○○其謂
生者者此本無
水之本之不極
火根體動雜而
木也也而乎太
金陽陰也極
土靜陽即
也此者而陰
陽而陽

坤道成女

주돈이의 「태극도」 해설

○此所謂無極而太極也. 卽陰陽而指其本體不雜乎陰陽而爲言
耳. ◎此○之動而陽靜而陰也. 中○者其本體也. ☽者☾之根也,
☾者☽之根也. ✷此陽變陰合, 而生水火木金土也.
☼此無極二五所以妙合而無間也. ○乾男坤女, 以氣化者言也,
各一其性, 而男女一太極也. ○萬物化生, 以形化者言也. 各一
其性, 而萬物一太極也.

주희의 「태극도」 해설

無極而太極. 太極動而生陽, 動極而靜, 靜而生陰, 靜極復動. 一
動一靜, 互爲其根, 分陰分陽, 兩儀立焉. 陽變陰合而生水火木
金土, 五氣順布, 四時行焉. 五行一陰陽也, 陰陽一太極也, 太極
本無極也. 五行之生也, 各一其性. 無極之眞, 二五之精, 妙合而
凝, 乾道成男坤道成女. 二氣交感, 化生萬物, 萬物生生而變化
無窮焉. 惟人也, 得其秀而最靈, 形旣生矣, 神發知矣, 五性感
動, 而善惡分萬事出矣. 聖人定之以中正仁義, 而主靜立人極
焉. 故聖人與天地合其德, 日月合其明, 四時合其序, 鬼神合其
吉凶, 君子修之吉, 小人悖之凶. 故曰, 立天之道曰陰與陽, 立地
之道曰柔與剛, 立人之道曰仁與義, 又曰原始反終, 故知死生之

說, 大哉易也, 斯其至矣.

퇴계의 「태극도」해설

朱子曰, 圖說首言陰陽變化之原, 其後卽以人所稟受明之. 自惟
人也得其秀而最靈, 純粹至善之性也, 是所謂太極也. 形生神
發, 則陽動陰靜之屬也. 五性感動, 則陽變陰合, 而生水火木金
土之性也, 善惡分, 則成男成女之象也, 萬事出, 則萬物化生之
象也. 至聖人定之以中正仁義而主靜立人極焉, 則又有得乎太
極之全體, 而與天地混合無間矣. 故下文又言, 天地日月四時鬼
神四者無不合也. 又曰, 聖人不假修爲而自然也, 未至此而修
之, 君子之所以吉也, 不知此而悖之, 小人之所以凶也. 修之悖
之, 亦在乎敬肆之間而已矣. 敬則欲寡而理明, 寡之又寡以至於
無, 則靜虛動直而聖可學矣.

○右濂溪周子自作圖幷說. 平巖葉氏謂此圖, 卽繫辭易有太極,
是生兩儀, 兩儀生四象之義而推明之. 但易以卦爻言, 圖以造化
言, 朱子謂此是道理大頭腦處, 又以屬百世道術淵源. 今玆首揭
此圖, 亦猶近思錄, 以此說爲首之意. 蓋學聖人者, 求端自此, 而
用力於小大學之類, 及其收功之日, 而遡極一源, 則所謂窮理盡
性, 而至於命, 所謂窮神知化, 德之盛者也.

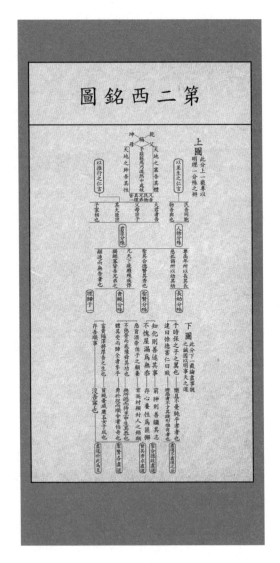

上圖：此分上一截, 專以明理一分殊之辨.

下圖：此分下一截, 論盡事親之誠, 因以明事天之道.

「서명西銘」

乾稱父, 坤稱母, 予茲藐焉, 乃混然中處. 故天地之塞吾其體, 天
地之帥吾其性, 民吾同胞, 物吾與也. 大君者吾父母宗子, 其大
臣宗子之家相也. 尊高年所以長其長, 慈孤弱所以幼其幼. 聖其
合德, 賢其秀也. 凡天下疲癃殘疾惸獨鰥寡, 皆吾兄弟之顚連而
無告者也. 于時保之, 子之翼也, 樂且不憂, 純乎孝者也. 違曰悖
德, 害仁曰賊, 濟惡者不才, 其踐形惟肖者也. 知化則善述其事,
窮神則善繼其志. 不愧屋漏爲無忝, 存心養性爲匪懈. 惡旨酒崇
伯子之顧養, 育英才穎封人之錫類. 不弛勞而底豫, 舜其功也,
無所逃而待烹, 申生其恭也. 體其受而歸全者參乎, 勇於從而順
令者伯奇也. 富貴福澤, 將厚吾之生也, 貧賤憂戚, 庸玉女于成
也, 存吾順事, 沒吾寧也.

퇴계의 「서명」 해설

朱子曰, 西銘, 程子以爲明理一而分殊. 蓋以乾爲父坤爲母, 有
生之類無物不然, 所謂理一也. 而人物之生血脈之屬, 各親其
親, 各子其子, 則其分亦安得而不殊哉. 一統而萬殊, 則雖天下
一家, 中國一人, 而不流於兼愛之蔽, 萬殊而一貫, 則雖親疎異
情, 貴賤異等, 而不梏於爲我之私, 此西銘之大旨也. 觀其推親

親之厚, 以大無我之公, 因事親之誠, 以明事天之道, 蓋無適而
非所謂分立, 而推理一也. 又曰, 銘前一段, 如棊盤, 後一段, 如
人下棊.

○龜山楊氏曰, 西銘理一而分殊, 知其理一所以爲仁, 知其分殊
所以爲義, 猶孟子言親親而仁民, 仁民而愛物. 其分不同, 故所
施不能無差等耳. ○雙峯饒氏曰, 西銘前一節, 明人爲天地之
子, 後一節, 言人事天地, 當如子之事父母也.

○右銘, 橫渠張子所作. 初名訂頑, 程子改之爲西銘, 林隱程氏
作此圖. 蓋聖學在於求仁, 須深體此意, 方見得與天地萬物爲一
體, 眞實如此處. 爲仁之功, 始親切有味, 免於莽蕩無交涉之患.
又無認物爲己之病, 而心德全矣. 故程子曰, 西銘意極完備, 乃
仁之體也. 又曰, 充得盡時聖人也.

第三小學圖

立教

立胎育保養之教
立小大始終之教
立三物四術之教
立師弟授受之教

明倫

明父子之親
明君臣之義
明夫婦之別
明長幼之序
明朋友之交

敬身

明心術之要
明威儀之則
明衣服之制
明飲食之節

稽古

立教　明倫　敬身

嘉行

廣立教
廣明倫
廣敬身

善行

實立教
實明倫
實敬身

『소학』의 서문

元亨利貞, 天道之常, 仁義禮智, 人性之綱. 凡此厥初無有不善,
藹然四端, 隨感而見. 愛親敬兄忠君弟長, 是曰秉彝, 有順無彊.
惟聖性者浩浩其天, 不加毫末萬善足焉. 衆人蚩蚩物欲交蔽, 乃
頹其綱安此暴棄. 惟聖斯惻, 建學立師, 以培其根, 以達其支. 小
學之方, 灑掃應對, 入孝出恭, 動罔或悖, 行有餘力, 誦詩讀書,
詠歌舞蹈, 思罔或逾. 窮理修身, 斯學之大. 明命赫然, 罔有內
外, 德崇業廣, 乃復其初. 昔非不足, 今豈有餘. 世遠人亡, 經殘
教弛, 蒙養弗端, 長益浮靡. 鄕無善俗, 世乏良材, 利欲紛挐, 異
言喧豗. 幸玆秉彝, 極天罔墜, 爰輯舊聞, 庶覺來裔. 嗟嗟小子,
敬受此書. 匪我言耄, 惟聖之謨.

퇴계가 인용한 주희의 『대학혹문大學或問』

或問, 子方將語人, 以大學之道, 而又欲其考乎小學之書何也.
朱子曰, 學之大小, 固有不同, 然其爲道則一而已. 是以方其幼
也, 不習之於小學, 則無以收其放心, 養其德性, 而爲大學之基
本, 及其長也, 不進之於大學, 則無以察夫義理, 措諸事業, 而收
小學之成功. 今使幼學之士, 必先有以自盡乎灑掃應對進退之
間, 禮樂射御書數之習, 俟其旣長, 而後進乎明德新民, 以止於

至善, 是乃次第之當然, 又何爲不可哉. 曰, 若其年之旣長, 而不及乎此者, 則如之何. 曰, 是其歲月之已逝, 固不可追, 其功夫之次第條目, 豈遂不可得而復補耶. 吾聞敬之一字, 聖學之所以成始而成終者也. 爲小學者, 不由乎此, 固無以涵養本源, 而謹夫灑掃應對進退之節, 與夫六藝之敎, 爲大學者, 不由乎此, 亦無以開發聰明進德修業, 而致夫明德新民之功也. 不幸過時而後學者, 誠能用力於此, 以進乎大, 而不害兼補乎其小, 則其所以進者, 將不患其無本, 而不能以自達矣.

퇴계의 「소학도」 해설

○右小學, 古無圖. 臣謹依本書目錄爲此圖, 以對大學之圖, 又引朱子大學或問, 通論大小之說, 以見二者用功之捷綮. 蓋小學大學相待而成, 所以一而二二而一者也. 故或問得以通論, 而於此兩圖, 可以兼收相備云.

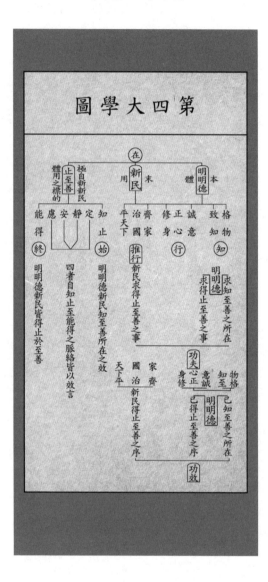

第四大學圖

『대학』「경1장」

大學之道, 在明明德, 在新民, 在止於至善. 知止而后有定, 定而
后能靜, 靜而后能安, 安而后能慮, 慮而后能得. 物有本末, 事有
終始, 知所先後, 則近道矣. 古之欲明明德於天下者, 先治其國,
欲治其國者, 先齊其家, 欲齊其家者, 先修其身, 欲修其身者, 先
正其心, 欲正其心者, 先誠其意, 欲誠其意者, 先致其知, 致知在
格物. 物格而后知至, 知至而后意誠, 意誠而后心正, 心正而后
身修, 身修而后家齊, 家齊而后國治, 國治而后天下平. 自天子
以至於庶人, 壹是皆以修身爲本. 其本亂而末治者否矣, 其所厚
者薄, 而其所薄者厚, 未之有也.

퇴계가 인용한 주희의 『대학혹문』

或曰, 敬若何以用力耶. 朱子曰, 程子嘗以主一無適言之, 嘗以
整齊嚴肅言之. 門人謝氏之說, 則有所謂常惺惺法者焉, 尹氏之
說, 則有其心收斂不容一物者焉云云. 敬者一心之主宰, 而萬事
之本根也. 知其所以用力之方, 則知小學之不能無賴於此以爲
始, 知小學之賴此以始, 則夫大學之不能無賴於此以爲終者, 可
以一以貫之, 而無疑矣. 蓋此心旣立, 由是格物致知以盡事物之
理, 則所謂尊德性而道問學, 由是誠意正心以修其身, 則所謂先

立其大者而小者不能奪, 由是齊家治國以及乎天下, 則所謂修
己以安百姓, 篤恭而天下平, 是皆未始一日而離乎敬也. 然則敬
之一字, 豈非聖學始終之要也哉.

퇴계의 「대학도」 해설

○右, 孔氏遺書之首章, 國初臣權近作此圖. 章下所引或問通論
大小學之義, 說見小學圖下. 然非但二說當通看, 幷與上下八圖
皆當通此二圖而看. 蓋上二圖, 是求端擴充體天盡道極致之處,
爲小學大學之標準本原. 下六圖, 是明善誠身崇德廣業用力之
處, 爲小學大學之田地事功, 而敬者又徹上徹下, 著工收效, 皆
當從事而勿失者也. 故朱子之說如彼, 而今玆十圖, 皆以敬爲主
焉. (太極圖說, 言靜不言敬, 朱子註中言敬以補之.)

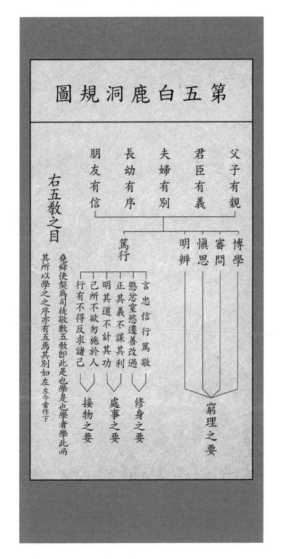

右五教之目：堯舜使契爲司徒, 敬敷五教, 卽此是也. 學者學此而已, 其所以學之之序, 亦有五焉, 其別如左, 左今當作下

주희가 「백록동규」의 취지를 설명한 글

熹竊觀古昔聖賢所以敎人爲學之意, 莫非講明義理, 以修其身, 然後推以及人, 非徒欲其務記覽爲詞章, 以釣聲名取利祿而已, 今之爲學者, 旣反是矣. 然聖賢所以敎人之法, 具存於經, 有志之士固當熟讀深思而問辨之, 苟知理之當然, 而責其身以必然, 則夫規矩禁防之具, 豈待他人設之, 而後有所持循哉. 近世於學有規, 其待學者爲已淺矣, 而其爲法, 又未必古人之意也. 故今不復施於此堂, 而特取凡聖賢所以敎人爲學之大端, 條列如右, 而揭之楣間. 諸君相與講明遵守, 而責之於身焉, 則夫思慮云爲之際, 其所以戒謹恐懼者, 必有嚴於彼者矣. 其有不然, 而或出於禁防之外, 則彼所謂規者, 必將取之, 固不得而略也, 諸君其念之哉.

퇴계의 「백록동규도」 해설

○右規, 朱子所作以揭示白鹿洞書院學者. 洞在南康軍北匡廬山之南, 有唐李渤隱于此, 養白鹿以自隨, 因名其洞. 南唐建書院, 號爲國庠, 學徒常數百人. 宋太宗頒書籍, 官洞主以寵勸之. 中間蕪廢, 朱子知南康軍, 請于朝重建, 聚徒設規, 倡明道學, 書院之敎, 遂盛于天下. 臣今謹依規文本目, 作此圖以便觀省. 蓋

唐虞之教在五品, 三代之學, 皆所以明人倫. 故規之窮理力行, 皆本於五倫. 且帝王之學, 其規矩禁防之具, 雖與凡學者有不能盡同者, 然本之彛倫, 而窮理力行, 以求得夫心法切要處, 未嘗不同也. 故幷獻是圖, 以備朝夕瞽御之箴.

『성학십도』 전반부 다섯 그림의 의의

○以上五圖, 本於天道, 而功在明人倫懋德業.

第六心統性情圖

寂然不動爲性

上圖
心統性情

感而遂通爲情
就氣稟中

稟木之秀
稟火之秀
稟金之秀
稟水之秀
稟土之秀
爲心之體

未發之性

具愛之理曰仁
具敬之理曰禮
其宜之理曰義
其別之理曰智
具實之理曰信

就善惡幾

惻隱之心
辭讓之心
羞惡之心
是非之心
誠實之心
爲心之用

已發之情

仁之端
禮之端
義之端
智之端
信之端
說

臣謹按程子
云信無端此
有信之端
恐當從程子

中圖
統性統情
合理與氣
化萬殊

指言本性
性本因在

虛亡知
心智靈覺
性聯情
靈覺

喜怒哀懼
惻隱辭讓
羞惡是非
愛惡欲
言善一邊

理發而
四端　七情
氣發而

下圖
合理與氣
統性統情
化萬殊

仁禮本
智信性本
義智性禮
虛知
心生
靈覺
發爲

氣中有二名

惻隱
辭讓
羞惡
是非
氣隨之
四端

敬惡愛懼哀怒喜
氣發而
理乘之
七情

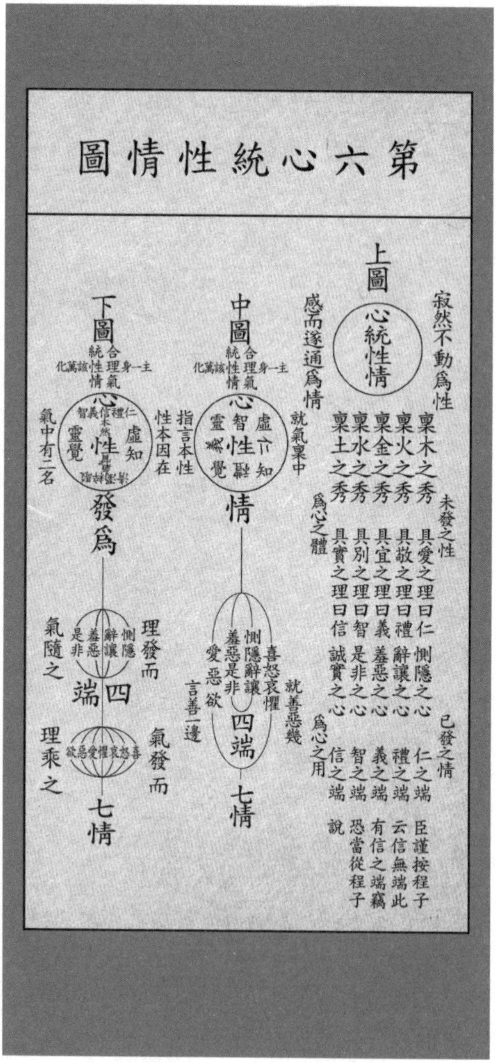

퇴계가 인용한 정복심의 「심통성정도설」

林隱程氏曰, 所謂心統性情者, 言人稟五行之秀, 以生於其秀而五性具焉, 於其動而七情出焉. 凡所以統會其性情者, 則心也. 故其心寂然不動爲性, 心之體也, 感而遂通爲情, 心之用也. 張子曰, 心統性情, 斯言當矣. 心統性, 故仁義禮智爲性, 而又有言仁義之心者. 心統情, 故惻隱羞惡辭讓是非爲情, 而又有言惻隱之心, 羞惡辭讓是非之心者. 心不統性, 則無以致其未發之中而性易鑿, 心不統情, 則無以致其中節之和而情易蕩. 學者知此, 必先正其心, 以養其性, 而約其情, 則學之爲道得矣.

퇴계의 「심통성정도설」 보충설명

臣謹按程子好學論, 約其情在正心養性之前, 此反居後者, 此以心統性情言故也. 然究其理而言之, 當以程論爲順. ○圖有未穩處, 稍有更定.

퇴계의 「심통성정도」 해설

○右三圖上一圖, 林隱程氏作, 自有其說矣, 其中下二圖, 臣妄竊推原聖賢立言垂教之意而作. 其中圖者, 就氣稟中, 指出本然之性不雜乎氣稟而爲言, 子思所謂天命之性, 孟子所謂性善之性, 程子所謂卽理之性, 張子所謂天地之性, 是也. 其言性旣如此, 故其發而爲情, 亦皆指其善者而言, 如子思所謂中節之情, 孟子所謂四端之情, 程子所謂何得以不善名之之情, 朱子所謂從性中流出, 元無不善之情, 是也. 其下圖者, 以理與氣合而言之, 孔子所謂, 相近之性, 程子所謂, 性卽氣氣卽性之性, 張子所謂, 氣質之性, 朱子所謂, 雖在氣中, 氣自氣性自性, 不相夾雜之性, 是也. 其言性旣如此, 故其發而爲情, 亦以理氣之相須, 或相害處言. 如四端之情, 理發而氣隨之, 自純善無惡, 必理發未遂, 而掩於氣然後, 流爲不善. 七者之情, 氣發而理乘之, 亦無有不善, 若氣發不中而滅其理, 則放而爲惡也. 夫如是故程夫子之言曰, 論性不論氣不備, 論氣不論性不明, 二之則不是. 然則, 孟子子思, 所以只指理言者, 非不備也, 以其幷氣而言, 則無以見性之本善, 故爾此中圖之意也. 要之, 兼理氣統性情者心也, 而性發爲情之際, 乃一心之幾微, 萬化之樞要, 善惡之所由分也. 學者誠能一於持敬, 不昧理欲, 而尤致謹於此, 未發而存養之功深, 已發而省察之習熟, 眞積力久而不已焉, 則所謂精一執中之聖學, 存體應用之心法, 皆可不待外求, 而得之於此矣.

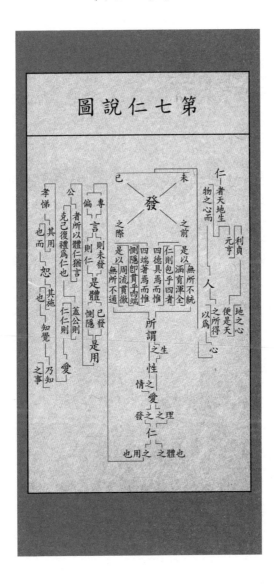

第七仁說圖

朱子曰, 仁者天地生物之心, 而人之所得以爲心. 未發之前, 四
德具焉, 而惟仁則包乎四者. 是以涵育渾全, 無所不統, 所謂生
之性, 愛之理, 仁之體也. 已發之際, 四端著焉, 而惟惻隱則貫乎
四端. 是以周流貫徹無所不通, 所謂性之情, 愛之發, 仁之用也.
專言則未發是體, 已發是用, 偏言則仁是體, 惻隱是用. 公者所
以體仁, 猶言克己復禮爲仁也. 蓋公則仁仁則愛, 孝悌其用也,
而恕其施也, 知覺乃知之事.

又曰, 天地之心, 其德有四曰元亨利貞, 而元無不統. 其運行焉,
則爲春夏秋冬之序, 而春生之氣無所不通. 故人之爲心, 其德亦
有四曰仁義禮智而仁無不包. 其發用焉則爲愛恭宜別之情, 而
惻隱之心, 無所不貫. 蓋仁之爲道, 乃天地生物之心, 卽物而在,
情之未發而此體已具, 情之旣發而其用不窮. 誠能體而存之, 則
衆善之源, 百行之本, 莫不在是. 此孔門之敎, 所以必使學者, 汲
汲於求仁也. 其言有曰, 克己復禮爲仁, 言能克去己私復乎天
理, 則此心之體無不在, 而此心之用無不行也. 又曰, 居處恭, 執
事敬, 與人忠, 則亦所以存此心也, 又曰, 事親孝, 事兄悌, 及物
恕, 則亦所以行此心也. 此心何心也. 在天地則块然生物之心,
在人則溫然愛人利物之心, 包四德而貫四端者也.

或曰, 若子之言, 程子所謂愛情仁性, 不可以愛名仁者, 非歟. 曰不然, 程子之所謂以愛之發而名仁者也, 吾之所論, 以愛之理而名仁者也. 蓋所謂情性者, 雖其分域之不同, 然其脈絡之通, 各有攸屬者, 則曷嘗離絶, 而不相管哉. 吾方病夫學者, 誦程子之言, 而不求其意, 遂至於判然離愛而言仁. 故特論此, 以發明其遺意, 子以爲異乎程子之說, 不亦誤哉.

曰, 程氏之徒, 有以萬物與我爲一, 爲仁之體者, 亦有以心有知覺, 釋仁之名者, 皆非歟. 曰, 謂物我爲一者, 可以見仁之無不愛, 而非仁之所以爲體之眞也. 謂心有知覺者, 可以見仁之包乎智矣, 而非仁之所以得名之實也. 觀孔子答子貢博施濟衆之問, 與程子所謂覺不可以訓仁, 則可見矣, 子安得以此, 而論仁哉.

퇴계의 「인설도」 부연 설명

○右仁說, 朱子所述幷自作圖, 發明仁道無復餘蘊. 大學傳曰, 爲人君止於仁, 今欲求, 古昔帝王, 傳心體仁之妙, 盡於此盡意焉.

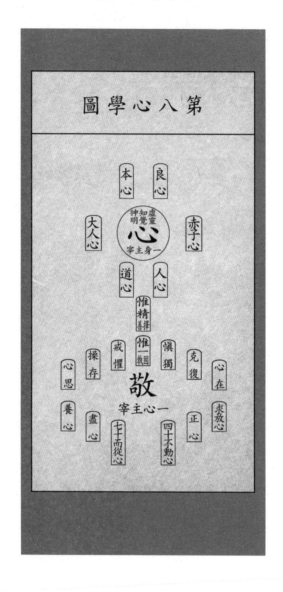

퇴계가 인용한 정복심의 「심학도」 해설

林隱程氏復心曰, 赤子心, 是人欲未汨之良心, 人心卽覺於欲者, 大人心是義理具足之本心, 道心卽覺於義理者, 此非有兩樣心, 實以生於形氣, 則皆不能無人心, 原於性命, 則所以爲道心. 自精一擇執以下, 無非所以遏人欲而存天理之工夫也. 愼獨以下, 是遏人欲處工夫, 必至於不動心, 則富貴不能淫, 貧賤不能移, 威武不能屈, 可以見其道明德立矣. 戒懼以下, 是存天理處工夫, 必至於從心, 則心卽體, 欲卽用, 體卽道, 用卽義, 聲爲律而身爲度, 可以見不思而得不勉而中矣. 要之, 用工之要, 俱不離乎一敬. 蓋心者一身之主宰, 而敬又一心之主宰也. 學者熟究於主一無適之說, 整齊嚴肅之說, 與夫其心收斂常惺惺之說, 則其爲工夫也盡, 而優入於聖域, 亦不難矣.

퇴계의 「심학도」 해설

○右, 林隱程氏, 掇取聖賢論心學名言爲是圖. 分類對置, 多而不厭, 以見聖學心法, 亦非一端, 皆不可不用功力云爾. 其從上排下, 只以淺深生熟之大槩言之有如此者, 非謂其工程節次, 如致知誠意正心修身之有先後也. 或疑旣云, 以大槩敍之, 求放心, 是用工初頭事, 不當在於心在之後. 臣竊以爲求放心, 淺言

之則固爲第一下手著脚處, 就其深而極言之, 瞬息之頃一念少
差, 亦是放. 顔子猶不能無違於三月之後, 只不能無違, 斯涉於
放. 惟是顔子, 纔差失, 便能知之, 纔知之, 便不復萌作, 亦爲求
放心之類也. 故程圖之敍如此. 程氏字子見新安人, 隱居不仕,
行義甚備. 白首窮經, 深有所得, 著四書章圖三卷. 元仁宗朝, 以
薦召至將用之, 子見不願, 卽以爲鄕郡博士, 致仕而歸. 其爲人
如此, 豈無所見而妄作耶.

〈第9圖　敬齋箴圖〉
제 9 도　경재잠도

퇴계가 인용한 주희의 「경재잠敬齋箴」

正其衣冠, 尊其瞻視, 潛心以居, 對越上帝. 足容必重, 手容必
恭, 擇地而蹈, 折旋蟻封. 出門如賓, 承事如祭, 戰戰兢兢, 罔敢
或易. 守口如瓶, 防意如城, 洞洞屬屬, 罔敢或輕. 不東以西, 不
南以北, 當事而存, 靡他其適. 弗貳以二, 弗參以三, 惟心惟一,
萬變是監. 從事於斯, 是曰持敬, 動靜弗違, 表裏交正. 須臾有
間, 私欲萬端, 不火而熱, 不氷而寒. 毫釐有差, 天壤易處, 三綱
旣淪, 九法亦斁. 於乎小子, 念哉敬哉, 墨卿司戒, 敢告靈臺.

여러 학자의 말을 인용하여 설명함

朱子曰, 周旋中規, 其回轉處, 欲其圓如中規也, 折旋中矩, 其橫
轉處, 欲其方如中矩也. 蟻封蟻垤也, 古語云, 乘馬折旋於蟻封
之間, 言蟻封之間巷路, 屈曲狹小, 而能乘馬折旋於其間, 不失
其馳驟之節, 所以爲難也. 守口如瓶, 不妄出也, 防意如城, 閑邪
之入也. 又云, 敬須主一. 初來有个事, 又添一个便是來貳他成
兩个, 元有一个, 又添兩个便是參, 他成三个. 須臾之間, 以時
言, 毫釐之差, 以事言.

○臨川吳氏曰, 箴凡十章, 章四句. 一言靜無違, 二言動無違. 三

言表之正, 四言裏之正. 五言心之正而達於事, 六言事之主一而本於心, 七總前六章, 八言心不能無適之病, 九言事不能主一之病, 十總結一篇.

○西山眞氏曰, 敬之爲義, 至是無復餘蘊. 有志於聖學者, 宜熟復之.

퇴계의 「경재잠」 보충 설명

○右箴題下, 朱子自敍曰, 讀張敬夫主一箴, 掇其遺意, 作敬齋箴, 書齋壁以自警云. 又曰, 此是敬之目, 說有許多地頭去處. 臣竊謂地頭之說, 於做工好有據依, 而金華王魯齋柏, 排列地頭, 作此圖. 明白整齊, 皆有下落又如此, 常宜體玩警省於日用之際心目之間, 而有得焉, 則敬爲聖學之始終, 豈不信哉.

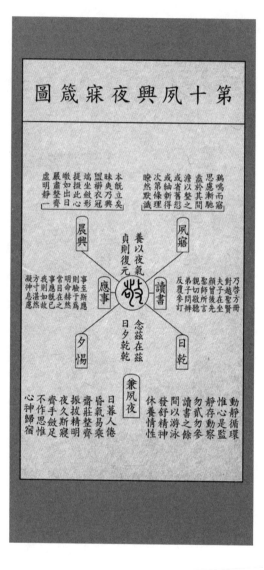

퇴계가 인용한 진백의 「숙흥야매잠」

雞鳴而寤, 思慮漸馳, 盍於其間, 澹以整之. 或省舊愆, 或紬新得,
次第條理, 瞭然默識. 本旣立矣, 昧爽乃興, 盥櫛衣冠, 端坐斂形.
提掇此心, 皦如出日, 嚴肅整齊, 虛明靜一. 乃啓方冊, 對越聖賢,
夫子在坐, 顏曾後先. 聖師所言, 親切敬聽, 弟子問辨, 反覆參訂.
事至斯應, 則驗于爲, 明命赫然, 常目在之. 事應旣已, 我則如故,
方寸湛然, 凝神息慮. 動靜循環, 惟心是監, 靜存動察, 勿貳勿參.
讀書之餘, 間以游泳, 發舒精神, 休養情性. 日暮人倦, 昏氣易乘,
齋莊整齊, 振拔精明. 夜久斯寢, 齊手斂足, 不作思惟, 心神歸宿.
養以夜氣, 貞則復元, 念玆在玆, 日夕乾乾.

퇴계의 「숙흥야매잠도」 해설

○右箴, 南塘陳茂卿柏, 所作以自警者. 金華王魯齋, 嘗主教台
州上蔡書院, 專以是箴爲教, 使學者, 人人誦習服行. 臣今謹倣
魯齋敬齋箴圖, 作此圖以與彼圖相對. 蓋敬齋箴, 有許多用工地
頭, 故隨其地頭, 而排列爲圖, 此箴有許多用工時分, 故隨其時
分, 而排列爲圖. 夫道之流行於日用之間, 無所適而不在, 故無
一席無理之地, 何地而可輟工夫, 無頃刻之或停, 故無一息無理
之時, 何時而不用工夫. 故子思子曰, 道也者不可須臾離也, 可

離非道也, 是故君子戒愼乎其所不睹, 恐懼乎其所不聞. 又曰,

莫見乎隱, 莫顯乎微, 故君子愼其獨也. 此一靜一動, 隨處隨時,

存養省察, 交致其功之法也. 果能如是, 則不遺地頭, 而無毫釐

之差, 不失時分, 而無須臾之間. 二者竝進, 作聖之要, 其在斯乎.

『성학십도』 후반부 다섯 그림의 의의

○以上五圖, 原於心性, 而要在勉日用崇敬畏.

성학십도

나를 찾아가는 열 장의 지도

1판 1쇄 인쇄 2024년 2월 9일
1판 1쇄 발행 2024년 2월 28일

지은이 퇴계 이황
번역·해설 강보승
펴낸이 김영곤
펴낸곳 (주)북이십일 아르테

TF팀 이사 신승철
TF팀 이종배
출판마케팅영업본부장 한충희
마케팅1팀 남정한 한경화 김신우 강효원
출판영업팀 최명열 김다운 권채영 김도연
제작팀 이영민 권경민
진행·디자인 다함미디어 | 함성주 유예지

출판등록 2000년 5월 6일 제406-2003-061호
주소 (10881) 경기도 파주시 회동길 201(문발동)
대표전화 031-955-2100 **팩스** 031-955-2151 **이메일** book21@book21.co.kr

ISBN 979-11-7117-440-9 03910